论海洋自由

The Freedom of the Seas

[荷兰] 雨果·格劳秀斯 /著
Hugo Grotius

马忠法 /译　　张乃根 /校

上海人民出版社

雨果·格劳秀斯

论海洋自由

或

荷兰参与东印度贸易的权利

1608 年拉丁文版

HVGONIS GROTII

MARE LIBERVM

SIVE

DE IVRE QVOD BATAVIS

COMPETIT

AD INDICANA COMMERCIA,

DISSERTATIO

1608

卡内基国际和平资助项目
国际法分项目

————

论海洋自由

或

荷兰参与东印度贸易的权利

雨果·格劳秀斯 著

约翰斯·霍普金斯大学希腊及罗马史副教授
拉尔夫·范·德曼·麦格辛博士
根据 1633 年拉丁文修订本翻译

国际法分项目主任
詹姆斯·布朗·斯科特
编辑并作介绍说明

————

纽约

牛津大学出版社

美国分社:西 32 街 35 号
伦敦,多伦多,墨尔本和庞培
哈姆弗雷·米尔福特
1916 年英文版

Carnegie Endowment for International Peace
DIVISION OF INTERNATIONAL LAW

THE FREEDOM OF THE SEAS

OR

THE RIGHT WHICH BELONGS TO THE DUTCH
TO TAKE PART IN THE EAST INDIAN TRADE
A DISSERTATION BY

HUGO GROTIUS

TRANSLATED WITH A REVISION OF THE LATIN TEXT OF 1633
BY

Ralph Van Deman Magoffin, Ph. D.

**Associate Professor of Greek and Roman History
the Johns Hopkins University**

**EDITED WITH AN INTRODUCTORY NOTE
BY
JAMES BROWN SCOTT
DIRECTOR**

NEW YORK

OXFORD UNIVERSITY PRESS

AMERICAN BRANCH: 35 WEST 32ND STREET
LONDON, TORONTO, MELBOURNE, AND BOMBAY
HUMPHREY MILFORD
1916

目　　录

中 文 版 序

　　将近四百年前,现代国际法理论的奠基人雨果·格劳秀斯发表了《论海洋自由》。一个半世纪前,来自海外的西方列强挑起的两次鸦片战争,使惯以傲视天下的东方文明大国开始沦为西方列强的半殖民地,被震惊的国人不得不了解源于基督教文明的国际法学说。于是乎,从林则徐下令择译的瓦特尔(Emmerich de Vattel)《国际法》片段,到美国传教士为清朝政府翻译的惠顿(Henry Wheaton)《万国公法》,西学东渐了。如今,历史已一去不复返。早已重新站立起来的东方巨人,正在充满挑战和希望的新世纪里,沿着既定的和平之路向前挺进。

　　此时此刻,自《论海洋自由》发表以来的第一个中文版问世,有何意义呢? 我想,历史也是值得回味的。1916 年,《论海洋自由》的第一个(也是迄今惟一)英文版出自美国人之手。其实,这是二十世纪上半叶由美国学者翻译一系列欧洲国际法经典著作的第一步而已。这与新兴的美利坚民族开始真正走向(乃至主导)世界政治舞台是否有关? 恐怕一言难尽。一个身处相同文明而语言有所不同的民族况且如此,那么对于文明传统及语言截然不同的民族,其必要性不言而喻。

　　正是怀着这样的理念,我指导的国际法专业博士生都必须阅读包括《论海洋自由》在内的西方国际法学经典论著。出乎我意料,马忠法同学在读完《论海洋自由》后,居然翻译了全文。同样略感意料之外，曾选修过我的国际法理论课程，毕业后在上海人民出版社工作的徐晓明博士将该中译本列入出版计划，并在付梓前请我校订和作序。我不得不赶紧在近日出访德国前完成学生们交给的任务。从内心而言，该翻译和校订都不尽如意。假如再精雕细刻一些，甚至与精通拉丁文的学者合作，或许更能体现学术的责任。

中文版所依据的是香港城市大学图书馆藏的 1916 年英文与拉丁文对照本（由南非开普敦大学赠送）。中文版包括了马忠法同学在其课程论文基础上修改而成的《论海洋自由》导读"一文。我相信该文以及英文版的"介绍说明"，有助于读者理解现代国际法之父的传世之作。

谨为序。

张乃根

复旦大学法学院

国际法研究中心主任

2005 年 5 月 28 日

《论海洋自由》导读

马忠法

　　格劳秀斯被称为"国际法之父"①，源于其在 1625 年发表的《战争与和平法》中奠定的调整国际关系，并影响至今的国际法基本原则和思想；而《战争与和平法》又源于他最早于1604—1605 年间所著的《捕获法》。《捕获法》是为荷兰东印度公司 1603 年在海上捕获一艘葡萄牙人的商船而引起的两国间的纠纷，应该公司要求而写的辩护词，其中第十二章于

---

　　①　严格意义上说，应是"近现代国际法思想之父"，因为在其前也有许多思想家或学者阐述过国际法的内容，只不过由于特定的时代——近代意义上的民族国家逐渐形成和崛起及主权意识渐趋明了和强烈的时期——十六世纪前后，为格劳秀斯提供了特定的历史舞台，使格劳秀斯的国际法思想较前代更为深刻、全面，而且迎合了时代的需求，让国际法的作用日益被普遍接受，对后代产生了深远的影响，以致今天国际法已经成为了一门独立的学科。同时，西方有学者认为格劳秀斯的《战争与和平法》事实上是一部传统的学术上的有关正义战争的集大成之作，格劳秀斯根本无法对我们今天所理解的"国际法"作出预见，因为国际法是一系列有关国家间关系的规则体系的总和，它包含独立而又可归为同类的及将限定在特定范围的法律关系主体间的关系作为具体的规定对象的规范总合，而战争法仅仅是其一特定部分。（转自 Benedict Kingsburg, *A Grotian Tradition of Theory and Practice—Grotius, Law and Moral Skeptism In the Thought of Hedley Bull*, p.10）。因此他只能是"国际法思想之父"，而不能统而广之地称为"国际法之父"。

1608 年经修改①后单独发表,即为《论海洋自由》。本导读试图从《论海洋自由》发表前后的历史背景、格劳秀斯本人的前期经历及其写作该文的起因与该文本身,探讨其国际法思想的起源及对其后期国际法思想和后人的影响,以为读者深入了解这部国际法史上的不朽之作提供力所能及的便利。

一、《论海洋自由》发表前后的历史背景（文艺复兴、人文主义的兴起、地理大发现——技术、经济等因素、宗教改革）

谈到《论海洋自由》,我们不得不回到人类史上那段动人心魄的辉煌年代。翻开那段历史画卷,我们会明白近现代欧洲史思想上发端于文艺复兴运动,行动上始自于地理大发现和环球航线的开拓,精神上则肇起于德国马丁·路德(1483—1546 年)的宗教改革运动。三者相辅相成。文艺复兴是近代资产阶级的一场思想文化革命,而在这个框架内,十六世纪的宗教改革既是一次精神文化的革命,又是对当时存在的宗教秩序的反思和变革②。宗教改革在信奉基督教的西方社会,显得尤其重要。中世纪的经院哲学和黑暗的宗教制度,严重束缚了人们的思想;而通过宗教改革运动(即每个人通过自己信奉上帝,而不必通过教士阶层、教会和教皇,都可以得到拯救,进入天堂),人们逐渐摆

---

① 有学者认为,不论从形式还是从内容上看,《捕获法》的第十二章与《论海洋自由》的关系应是相同而非相似。参见: Hugo Grotius, *Commentary on the Law of Prize and Booty*, translated by GW Ladys L.Williams etc. William S. Hein & Co., Inc. 1995, Page 15 of "Preface".

② 刘文龙等主编:《世界文化史(近代卷)》,浙江人民出版社 1999 年版,第 71 页。

脱了沉重的精神枷锁。这一点与文艺复兴鼓吹的人性解放、个人主义和自由发展遥相呼应，共同为新兴资产阶级提供意识形态上的依据，为资本主义发展铺平了思想道路。特别是加尔文的"预定论"，即上帝以其永恒的旨意决定着世界上每一个人所要成就的业绩，"永恒的生命为某些人预定，对于另一些人则是永罚"①。上帝把世人分为"选民"和"弃民"，"选民"在现世的使命是尽力遵守上帝的诫命，在社会上有所成就，以彰显上帝的荣耀。他认为做官执政、经商赢利、放债取息、发财致富和担任神职一样，都是受命于上帝，财富不是罪恶，而是蒙恩的标志，只要在道德品质上不违背《圣经》，在财富使用上不挥霍浪费，就应该鼓励人积累财富。加尔文的这种主张冲破了教会劝人安贫修道的传统，因此，在加尔文派信徒中出现了一批克勤克俭、冒险进取的新兴资产阶级实业家。加尔文提倡"选民"世俗生活的目的是"荣耀上帝"，他们必须努力从事日常工作与劳动，积极为社会服务，在教徒中就出现了一批视劳动为神圣、全心全意工作的劳动者，同时也培养出一批具有强烈政治责任感的信徒，他们把与违反上帝意志（即不符合《圣经》）的政权作斗争看做是上帝赋予他们这些"选民"的神圣职责，为荣耀上帝不惜牺牲一切。虔诚的加尔文派信徒都相信自己是预定的"选民"，为荣耀上帝而自觉地过着以勤劳、俭朴、积极向上为光荣，以奢侈、浪费、不劳而获为耻辱的生活。因此，加尔文的"预定论"比路德的"因信称义"更能直接满足新兴资产阶级在政治、经济等方面的需要，为他们提供了一批精明的统治者、刻苦的劳动者和反封建的坚强斗士。加尔文派的教会也更符合新兴资产阶级建立"廉价教会"

---

①　转自吴于廑等主编：《世界史近代史编》上卷，高等教育出版社 2001 年版，第 54 页。

的要求。加尔文思想成为新兴资产阶级精神的真正代表。"选民"注定得救,而"弃民"注定沉沦,前者是成功的标志,而后者则是失败的别名。处于那个时代,地理大发现和殖民主义的扩张,给西欧带来了巨大的财富和庞大的经济力量,在追逐利润的激烈竞争中,人人都想发财,成为胜利者,以变成上帝的选民。这大大鼓舞了新兴资产阶级的进取精神,他们积蓄私产,经商牟利,放债取息,探索发财新途径,恰如恩格斯所言"加尔文的信条正适合当时资产阶级中最果敢大胆分子的要求"①。

与宗教改革几乎同步的是地理大发现,它以哥伦布发现美洲(1492 年 10 月)、达·伽马开辟绕过非洲到东方的新航路(1490 年 10 月)及麦哲伦等人完成的环球航行(1522 年 9 月)等为主要内容。1453 年奥斯曼帝国攻占君士坦丁堡,几乎堵绝了东西方商业贸易的陆上通道。迫于对东方黄金和财富的渴望追求,西欧诸国尤其是临海国不得不另谋通往东方的其他路径,开辟海上通道成了它们的必然选择。结合当时的航海技术、海上武器和自卫能力以及商业上的进步,技术上如复式簿记的出现,融资上如银行和信贷业的发展,观念上如放贷取利、经商等已被普遍接受,商业组织上革命性的股份公司的出现等,这一切为西欧商业带来了活力,同时也加强了西欧向海外殖民扩张的能力。当然,那时各专制政府的大力支持,为探险者提供资金等也是不可缺少的条件之一。

在这样的历史条件下,位于大西洋岸边的葡萄牙和西班牙有着得天独厚的条件,因而最先进行海上探险,并在海上探险和海外殖民扩张的道路上,成为先驱者。葡萄牙人率先开辟了通

---

① 《马克思恩格斯选集》第 3 卷,人民出版社 1995 年版,第 706 页。

向东方的海上之路;在西班牙政府的支持下,意大利航海家哥伦布为西班牙政府最先发现了新大陆,并在部分岛屿上建立了殖民统治,西班牙派出的探险家麦哲伦等完成了人类史上的首次环球航行。西、葡两国通过上述探险及在与东方的贸易交往中获取的巨额利润,为其技术革新和观念上变革进一步创造了条件,同时也刺激和推动了欧洲其他国家的冒险家们积极寻求到东方去的其他航道。

最先从新航线开辟中获取暴利的西、葡两国为了解决新发现地区的主权、航线归属等问题,以避免可能产生的矛盾冲突,一直在寻求双方均可以接受的解决途径。在哥伦布发现美洲回到西班牙后,西班牙政府便要求在欧洲颇具统治力的教皇亚历山大六世承认西班牙对新发现的土地等拥有主权;为此,教皇于1493年5月4日划定亚速尔群岛和佛得角以西约100里格(约3英里)的子午线为分界线,该线以西的一切土地/区域划归西班牙,以东的一切土地/区域划归葡萄牙。①1494年6月7日,两国又缔结《托德西利亚斯条约》,把该线向西移动了270里格。教皇的划分,遭到后来(包括荷兰在内)的新兴海洋大国的反对,它们拒绝承认。在《论海洋自由》里,格劳秀斯多处提出质疑和批判,否定该线划分的合法性,认为这对他国无任何约束力。

十五世纪后期至十六世纪上半叶,西、葡两国几乎成为垄断欧亚之间贸易的霸主。但好景不长,随着其他海洋大国的兴起,两国的霸主地位受到了挑战。其中,尼德兰革命后独立的荷兰便是最强有力的挑战者。

---

① 转自吴于廑等主编:《世界史近代史编》上卷,高等教育出版社1992年版,第11页。

尼德兰原属西班牙领地,从1566年起为反对西班牙封建专制统治,不断地爆发革命,其北部行省意图脱离西班牙而独立;1581年7月,奥兰治亲王在海牙召集了联合省代表大会,宣布正式脱离西班牙而独立,成立荷兰共和国。尽管后来西班牙屡屡试图推翻荷兰共和国,但均未得逞,至1588年其"无敌舰队"惨败于英国海军后,国力削弱,再有英国等对荷兰的支持,西班牙不得不在1609年4月,同荷兰签订停战协定,事实上承认了荷兰的独立。尼德兰革命为荷兰资本主义发展扫平了道路,为其成为西班牙之后的海上强国——"海上的马车夫"创造了极为有利的条件。实际上自其1581年一独立,它就积极开展了与西、葡两国争夺海上霸权的斗争,而最先到东方海域的葡萄牙人,依据其武力侵占了满拉加(今马六甲)等,控制海上通道,企图阻断他国与东方或中国、南洋各国的贸易。因此,荷兰与葡萄牙在通往东方航线上的斗争不可避免。

上述情况为格劳秀斯《论海洋自由》的形成提供了宏阔的历史舞台。虽然当时欧洲各国仍笼罩在宗教、教皇和神圣罗马帝国等阴影下,但影响已开始减弱。由于当时缺乏各国公认的法律、习俗惯例来调整和约束国与国之间的关系,为打破已有海洋大国的垄断地位,出于新兴海洋强国的需求,这就历史地要求有人能为荷兰政府的海上行为寻找合法合理的依据,同时驳斥其他海洋强国的霸权言论;而这个崇高的使命落到了格劳秀斯的身上。当时,具有官方背景的荷兰东印度公司卷入了一起与葡萄牙商船发生纠纷的案件中,该案涉及荷兰国家利益,其结果如何会对未来的荷兰资产阶级海外拓展和海外贸易有着不同寻常的影响。正是在当时的历史条件下和这样的机遇中,《捕获法》以及《论海洋自由》诞生了。

二、发表《论海洋自由》前的格劳秀斯及《论海洋自由》发表的起因

（一）年轻的格劳秀斯概况

格劳秀斯（1583—1645 年）生活在尼德兰独立战争、反抗西班牙的颠覆活动（1581—1609 年）和欧洲三十年战争（1618—1648 年）期间，一生几乎经历了荷兰和欧洲史上最重要、最艰辛的时刻。战争让他体味了许多，所以其一系列国际法著作既是时代事件的反映，又是对以后理想化国际关系的憧憬和渴望。

格劳秀斯出生在辉煌的伦勃朗时代。他天赋极高，成长于有着长期浓厚的献身宗教的官员世家，被人称为神童。他 11 岁时进莱登（Leyden）大学（1575 年成立）学习语言。莱登大学当时主要为荷兰培养神学家、语言学家、法学家、医生和工程师等。求学阶段，他与弗兰西斯科斯—— 一位神学教授、牧师、学者——住在一起。根据其家庭背景和求学生涯的这段经历，可以推知他在语言学和神学方面的收获。从英文版有关格劳秀斯的评传来看，格劳秀斯在莱登大学主要学习的是古典语言和东方语言，至于是否也学习了法律，似乎不能太肯定。①由于自然法在中世纪与神学密切相连，故其在神学领域得以延续，并得到一定的发展，它不可避免地对格劳秀斯的思想形成与发展有着巨大影响。格劳秀斯 15 岁时应邀陪访法国，在巴黎，荷兰代表团经过努力，与当时它最强大的盟友签订了盟约，因为荷兰独立

---

① *Grotius Reader——a reader for students of International Law and legal history*，Edited by L. E. Van Holk etc.，T. M. C. Asser Instituut，The Hague 1982，p.25.

只有 17 年,在强大的西班牙人面前,需要得到别国的支持。期间,格劳秀斯受到法国国王亨利四世的接见,不久他在奥尔良古老的法学院接受了该院授予他的博士学位。可能由于古典语言(古希腊语言、拉丁文等)著作大多载有法律方面内容,或说法律内容与古典语言不可分,结合神学部分的法律思想,使格劳秀斯具备了相当的法律知识和能力,以致在法国荣获博士学位(这对他一生具有决定性意义)。16 岁时,他成为在海牙的执业律师。他早期的著作主要涉及文学、戏剧、拉丁语言等。

前文述及,格劳秀斯生活于尼德兰资产阶级革命时期。新兴资产阶级以新教加尔文派为旗帜,以城市平民为主力军,推翻西班牙统治,于 1581 年成立了荷兰共和国,实际上,反对西班牙的战争也是部分地为了控制海外贸易航线的海上霸权之争。此后荷兰的工商业、海外贸易和殖民扩张急剧发展,文化事业也日渐兴盛。莱登大学为欧洲第一所新教大学,当时许多受迫害的外国新教徒和进步学者均避居于荷兰,著书立说,涌现了一批思想家、科学家和艺术家,如法国的笛卡尔、斯宾诺沙等。在这样的文化氛围中成长起来的法学家格劳秀斯,无疑会有意无意地充分利用这块肥沃的土壤和难遇的良好环境,为自己孕育国际法思想服务。

1601 年荷兰政府委托他写部荷兰解放战争史。该书完成于 1612 年,所述时间跨度为 1555—1609 年,描述了政治事件和大大小小的战斗,该书反映了格劳秀斯温和的和平主义思想;书中也描述了荷兰的宪政和经济形势,歌颂了一些伟大人物,同时把西班牙人描绘成了荷兰最大的敌人。1610 年,他又出版了一部有关其国家历史的小册子,其中含有涉及"国家财产"和国家主权等方面的内容。

1604 年,机遇降临到格劳秀斯身上,他受托为一起涉及国际纠纷的案子——"凯瑟琳案"——写辩护词,结果就是《捕获法》的诞生(详细介绍见下文)。这是人类史上一件值得庆幸的大事。《捕获法》的完成不论对其个人还是对后世的国际法思想和国际法制度来说,都十分重要。该著受自然法的影响,显露出其早期的国际法思想,对国际法的发展作出了不可磨灭的贡献。

这段时间,他还写了一部比较雅典、罗马和荷兰等三国人的风俗习惯及人们性格的书。该书讨论的主题主要有勇气、宽容、忠诚和正义;其中关于忠诚和欺骗,他展开了长篇论述。他批评古希腊和古罗马人采取无耻欺骗行为来对抗他们的盟友;他强调了外交使节的豁免权问题,战争中人们必须遵守自然法和国际法,不过采取欺骗敌人的战略即兵不厌诈却是允许的。一切正义的战争应由有能力的领导者来对外宣布。他描述了他的同胞们在反抗西班牙人的战争中的忠诚,描述了正义与非正义,颂扬了荷兰正义可以获得保障的程序,因为上诉程序的可能性减少了误判。书中也描述了三个民族的陆、海军制度。该书反映了他对古代社会、荷兰及国际关系问题的兴趣,其中许多内容对他于 1625 年发表的《战争与和平法》有着深刻的影响。

通过以上简述,可见,格劳秀斯在青年时代,兴趣十分广泛,且多才多艺,法律仅仅是其工作内容的一部分,但其人文主义观念、自然法意识及国际法等思想已开始逐渐形成。

(二)《论海洋自由》发表的起因

1604 年,格劳秀斯受托为一起涉及国际法的案件进行辩护(即"凯瑟琳案")。此前,在海上争霸中,荷兰人与西班牙人、葡萄牙人在通往东方的航线上争夺得最为激烈,荷兰人屡遭其他两国商人船队的抢劫和杀害。于是政府授权有关公司可以实行防卫,捕捉葡萄牙人的商船、货物等作为捕获品。"凯瑟琳案"案

由大致如下①:从 1595 年开始,荷兰和西兰的商人就派出各种
船只到不属于葡萄牙人统治的印度洋诸岛上进行各种各样的商
业探险活动,但他们遭到了葡萄牙人及其盟友所采取的各种手
段(如欺骗、公开的武力征服等)的威胁和打击,死了许多同志,
也丧失了不少财产。因此,荷兰人一直在寻机报复。到 1602
年,双方的敌意不断表露。为了保护和发展海外贸易,荷兰政府
于 1602 年成立半官方性质的荷属东印度公司(准确地说是东印
度联合公司)。1603 年早些时候,阿姆斯特丹舰队(由 8 艘商船
组成)在马六甲海峡捕获到葡萄牙"凯瑟琳"号商船,他们命令葡
萄牙人投降,并把其船员遣散回家。这艘叫"凯瑟琳"的商船上
满载的货物被阿姆斯特丹舰队带回国内,并将船载货物的归属
交由捕获法院处理,该法院于 1604 年 9 月裁决这些为正当合理
的捕获品(a good prize),并将其中大部分财物判给东印度公
司。同时政府将与东印度的贸易权规定由东印度公司垄断。然
而,该公司的许多股东反对任何形式下的战争,不同意法院的判
决和政府给予的上述优惠。一部分人甚至撤股以不接受捕获法
院判给他们的利润。有人还起草了一份计划书,打算成立一个
新的组织,在法国国王亨利四世的庇护下来从事和平的商业贸
易行为。虽然此计划最终没有落实,但竞争对手的威胁让荷兰
政府和东印度公司因为对捕获品处理的政策而受到的广泛批
评,使它们处于十分尴尬的地位。

　　因此,为政府进行辩护就显得十分迫切。格劳秀斯于是受
东印度公司董事会之托,于 1604 年秋到 1605 年春完成《捕获

---

　　① 本段引自:Hugo Grotius, *Commentary on the Law of Prize and Boo-
ty*, translated by GW Ladys L. Williams etc., William S. Hein & Co., Inc.
1995, pp.4-5. 不同的英文版有着不同的描述,但内容大同小异。

法》。毫无疑问,《捕获法》主要是为维护东印度公司利益而作的,当然,也是为维护荷兰国家利益而作,尤其是在当时新兴资产阶级的利益受到国外与国内反对者威胁的情况下。①格劳秀斯认为,类似于上述由他人所为的事件过去时常发生,而且此后也会一直发生。但出于种种原因,这个案子应特别值得引起重视,"我们可以把它当作一个所有类似捕获事件中的典型代表来分析检查,由此得出的调查判断可以推而广之地适用于其他案件"。因此,可以看出,格劳秀斯写作此辩护词的目的,不仅仅在于辩护这个案子,而想试图通过该案件,建立一套具有普遍意义的准则或原则,以处理以后类似的案例。但当时此书完成以后,没有发表,可能是因为有人计划成立新组织的目的没有达成,以及东印度公司后来辉煌的业绩赢得了公众的尊重;东印度公司让政府的财政收入大增,让私人的钱袋也涨了起来,再也没有必要向敌人开火了,发表此书已是画蛇添足。②

然而,到 1608 年,荷兰与西班牙就和平条约的谈判遇到了障碍,西班牙人意图拒绝接受低地国家(荷兰)有与东方进行贸易和航行的权利。东印度公司担心政府为了和平而在该点上让步,于是组织了一批舆论力量来阐述与东印度进行贸易给国内带来的巨大好处。有些学者认为格劳秀斯受邀而参加了这场宣传战。但不论他是否对公司的请求作出响应,事实上他加入了辩论,并对《捕获法》的第十二章作了些许修改,并将之于当年

---

①　Hugo Grotius, *Commentary on the Law of Prize and Booty*, translated by GW Ladys L.Williams etc., William S. Hein & Co., Inc. 1995, Page 14 of "Preface".

②　Hugo Grotius, *Commentary on the Law of Prize and Booty*, translated by GW Ladys L.Williams etc., William S. Hein & Co., Inc. 1995, Page 15 of "Preface".

单独匿名发表，它就是今天有名的《论海洋自由》。其核心思想是：根据自然法和万民法，荷兰人有权参与东印度的贸易，并拥有航海权。

三、《论海洋自由》的主要内容

格劳秀斯主张的中心论题是"海洋自由"，即海洋是不能占有的，不属于任何国家的主权，任何国家不能加以控制，它对不同的民族、不同的人，乃至对地球上所有的人，都应当是公开的、自由的，每个人都可以在海上进行自由航行和自由贸易。有人认为他是世界上最早提出"公海自由"主张的法学家，这是不准确的，在当时根本就没有今天所谓的"公海"、"领海"等概念；故当时格劳秀斯一而统之地认为只要是海洋（内海或小水湾除外）都应当是自由的，所以把它叫做 freedom of the seas，进而认为根据国际法①，航海对所有的人，不论他是谁，均是自由的。

《论海洋自由》共有十三章，可分为四大部分，第一部分含第一章，为总述，是其理论或原则的概括，提出了自由贸易和自由航行的观点。第二部分包括第二章至第七章，主要论述海洋自由：第二章至第四章主要从发现、教皇赠送和战争等三个角度论述葡萄牙人对东印度无主权；第五章至第七章也主要从占有、教皇赠送和时效等三个角度论述海洋及其上的航海权不属于葡萄

---

① law of nations：笔者认为，格劳秀斯当初提到的 law of nations 不同于今天的 International Law，在他的论述中可以明了它与罗马法中的"万民法"更为接近，但也不同。他主要意指"所有国家的法律"，即为所有国家所应遵循的"法律"，对所有国家均普遍适用的；当然，该法律来源于所有国家的共同同意或意志，但根本上来源于自然法。而 International Law，本意"国家间的法律"，既指适用所有国家的，也指两国、三国或多国间的，显然它的意思已比格劳秀斯的观点扩大了许多。

牙人;该部分是整个文章的重点和核心所在。第三部分为第八至第十一章,主要论述贸易自由权,其中第八章是这四章的总述,第九至十一章,分别从发现、教皇赠送和战争等三个角度论述与东印度的自由贸易权不属于葡萄牙人。第四部分即最后两章是总结,一方面否定葡萄牙人的行为,另一方面要求荷兰人坚持自己的贸易权利。

从格劳秀斯的论述方法来看,他是一环紧扣一环,层层递进,逻辑性很强。而且在内容论述方面,前后遥相呼应,文中蕴含了丰富的国际法思想。下面简要归纳了其主要内容。

(一) 第一章:总述

该章为《论海洋自由》定下基调,提出整篇文章写作的目的。格劳秀斯开宗明义:"本文意在简要明了地证明荷兰人有权利航行到东印度……并有权利与那里的人民进行贸易活动。"①他提出这一论点是基于这样一个无可辩驳的国际法原理……即:每个国家均可自由地穿行到另外一个国家,并可自由地与之进行贸易活动。这个原理是上帝通过自然之口道出的。上帝不希望每个地方均产生人类生活所需要的一切东西,而是要求各国在不同方面占据不同的优势;因为上帝希望人类通过彼此间的互为需要和资源共享来促进人类友谊。因此,根据神的命令……人们之间的交往和贸易不可避免。文中,他列举了古代发生的一系列战争或案例来证明,根据自然法,人类在陆路或海路上均享有通行自由权或自由贸易权,如果一方企图独占而不让他方行使这些权利,则战争就不可避免,连十字军东征也可能是因为

---

① Hugo Grotius, *The Freedom of the Seas*, translated by Ralph Van Deman Magoffin, Oxford University Press, 1916, p.7.

异教徒们企图剥夺基督徒们通往圣地的自由而导致的。因此，即使葡萄牙人对荷兰人航行之地已行使主权，但当他们禁止荷兰人通往这些地方并在那里进行贸易时，他们也不应当对荷兰人做出任何伤害。

总之，航行和贸易对所有人来说是自由的，任何人都不能阻止别人的航行。原因是什么呢？接着他分别从发现、教皇赠送及战争等角度来说明葡萄牙人对东印度无任何主权。

（二）葡萄牙人对东印度无任何主权（二至四章）

1. 第二章："发现"不能带来主权

格劳秀斯认为，葡萄牙人无权以发现的名义对荷兰人航行到的东印度行使主权。他宣称，任何人没有占有并且没有任何他人以其名义持有某物，则他不应取得该物之主权，这是一个不可辩驳的真理。葡萄牙人在事实和法律两方面均不可认为那些地方作为发现的结果而归他们管辖。他引用六世纪法学家戈耳迪恩（Gordian）观点说："发现某物不仅仅是目光捕捉到了它，而且还要是实实在在地占有它"；①而且所有拉丁文都在引用这样一个词组"只有对那些我们已经得到的东西才可称之为我们已发现"②。根据自然理性本身、法律的精确用语和所有饱学之士的解释都清楚地表明只有当伴随有实实在在的占有的"发现"才可以给其一个明确的"主权"名义。而且该原则仅行之有效地适用于动产或者是被确实包含在有固定界限内并得到护卫的不动产。由此可以判定，对于一个主权已经存在的国家或实体，比如印度，是不

---

① Hugo Grotius, *The Freedom of the Seas*, translated by Ralph Van Deman Magoffin, Oxford University Press, 1916, pp.11-12.

② Hugo Grotius, *The Freedom of the Seas*, translated by Ralph Van Deman Magoffin, Oxford University Press, 1916, p.12.

能通过所谓的发现而占有的,它与他国进行一切贸易活动更不能被垄断。况且,因发现而占有的,只能是针对无主财产或物品。

2. 第三章:教皇的赠送行为对东印度主权无效

在当时人文主义、宗教改革和政教分离等思想的影响下,格劳秀斯对教皇的行为提出了质疑。该章是格劳秀斯着笔较重的部分,他旁征博引、引经据典地对教皇的荒唐行为给予根本否定。

他认为教皇亚历山大六世划分的教皇子午线,用自然法、世俗的观点来看,是没有任何依据的;葡萄牙人不能依据教皇的馈赠而取得对东印度的主权。他义正辞严地指出,如果葡萄牙人以教皇的权威来证明他们对印度有管辖权,则以下两点足以推翻该观点:

第一,教皇因为西、葡两国的选择而成为它们间争论的仲裁者,故其决定仅对两国有效,而对世界其他各国无约束力。第二,即使教皇有意赠送他国主权,该行为也是无效的,因为教皇既不是民事方面的,也不是世俗方面的君主;若说其有权的话,其管辖的领域是精神上的,他不能对世俗的君主发号施令。更何况,对像印度这样的异教徒国家,他更无权处理。

由此我们可以看出,格劳秀斯对教皇权威"神圣"进行的大胆挑战,他将教皇和世俗君主分开并列,对当时进一步削弱政教合一思想的影响不能不说是一大进步;这为其后期将法律划分为自然法(基于人的理性,人性)和意定法(包括国内法和国际法)两类奠定了一定的思想基础。

3. 第四章:以战争的名义也不能使东印度主权归属葡萄牙

格劳秀斯论述道,葡萄牙人无权以战争的名义对东印度行使主权。与前一条理由相配合,如果以教皇赠送名义不能享有主权,则看其是否能依战争的名义取得。实际上葡萄牙人没有与东印度发生过战争,更无从谈起征服或占领。他在引用一位意大利主教的话时说,对那些异教徒,你不能因为他们的信仰问题而剥夺他们的主权,因为主权是一个实证法方面的事情,而信仰则是神法领域的事,神法不能取消实证法,没有任何法律反对异教徒们的世俗所有。对异教徒占有的土地或财产,也不能通过战争来剥夺,因为对此无正当的理由发动战争。格劳秀斯反对通过战争手段来解决新发现土地上的宗教信仰问题,对于那些因为宗教原因而被剥夺自由的人民,应当立即将自由还归于他们。他认为葡萄牙人活着仅仅是为了获得财富,而为了达到此目的,他们同西班牙人在美洲大陆上所干的种种罪行和见不得人的勾当一样,对东印度所采用的手段也是无所不及。他的这一观点对其以后思想观点的形成有着重大影响:一是战争要有正当理由,即所谓的正义战争;二是对实证法与神法的现实功能作了区别,三是对诸如信仰冲突主张用和平手段解决,反对战争手段。

在上述三章中,格劳秀斯主要论述了葡萄牙人对东印度无任何管辖权或主权,为葡萄牙人无权垄断印度的贸易等权利提供了法律前提。

(三)葡萄牙人无权垄断海洋和海上航行权(海上航行自由,五至七章)

格劳秀斯从三个角度论述葡萄牙人在海洋和航海权方面同样无任何管辖权或主权,他们同样不能垄断海洋和海上航行权。

1.第五章:以"先占"名义不能构成海洋和海上航行的归属权

该章是格劳秀斯最为浓彩重抹的部分,是整个文章的基点和核心。他认为葡萄牙人不能以先占的名义而认为印度洋及其上的航海权归属于他们。他首先分析了海洋方面,用国际法的用语来说,他认为海洋客观地来说是不属于任何人的财产,它是公共占有的,或说是公共财产。

他认为当时讨论的"主权"与"共同占有"同古代的法律规定是不一致的。他引用西塞罗等古代自然法学者的观点,认为古代无主权或私有一说,所有的东西是供大家共同使用的,那时只有共有财产,正义通过不可违背的条约来维护物品的共有性。他认为,根据古代的"万民法"(国际法,有时也被称为自然法),当时,无疆界之分,也无贸易,因为"土地的混杂,使得每样东西看上去均似乎为大家共有"①。上帝把所有的东西给了整个人类而没有给某一个具体的人。但所有权发展到今天,是其渐进地而非爆发式地受自然的指引而发生的。

格劳秀斯花了许多笔墨分析了"先占"形成的条件,而且还区分了动产和不动产占有形成的不同要求。他认为当财产权或所有权被发明时,财产法的制定是模仿自然而来的。他通过民法原理来阐释自己的观点,认为那些不会被占有,或未曾被占有过的东西不会变成任何个人的财产,因为任何财产权均源于占有,另外,那些由自然构成而为某个人服务但仍为其他所有人共用的东西,不论是今天还是将来,均应永久地保持它被自然第一次创造出来时的那样状态。然后他指出,海洋是不能够被任何人占有的,因为它无边无际,难以占有;同时不论是从航行的角度,还是从渔业的角度,它也是为人类所共同使用的。他分析了海洋与商业物品一类东西的区别,认为海洋不能变为私有财产,海洋的任何一部分也不能成为任何人的领土(内水湾和内海除

---

① Hugo Grotius, *The Freedom of the Seas*, translated by Ralph Van Deman Magoffin, Oxford University Press, 1916, p.23.

外）。他将内海与外海（outer sea）区别开来，认为内海可能会成为私有，但"凯瑟琳案"讨论的是无边无际的万物之母的海洋，是人类之家，既不能被获取，也不能被封闭。西、葡两国的做法是欺骗自然的行为，因为当上帝将海洋散布于各人民之间时，所有的人均有权充分地使用它。况且，葡萄牙人根本就没有占有过海洋，也没有在上面布置过财产，甚至他们除了依赖于假想的分界线之外，根本就不能划出自然或人工界线来为自己辩护。因此，葡萄牙人的主张根本不成立。

在论述到航线时，他认为，如果葡萄牙人仅仅因为他们比别人先在海上航行就认为占有了海洋航线，那是最荒谬不过的了。他通过列举史实证明：海洋的任何一部分均有人在上面航行过，依葡萄牙人的观点可推知，今天所有的人将被绝对地排除在外。实际上，一艘船航行过后，除了留下其轨迹之外，它没有留下任何法律权利。而且，可以肯定，葡萄牙人不是那部分海洋上的最先航行者。尽管他们恢复了中断了若干世纪的新航线，但他们应当让之为整个人类服务，而不能仅仅为了自己的个人经济利益。别国也应当可以获取同样的利益，因为无证据表明如果葡萄牙人不到东印度去，别国就不会去。因此，他们既无正当的理由，也无可尊重的权威来支持他们的观点。

因此，不论是对海洋还是对航线，葡萄牙人均无权将它们归为己有。

2. 第六章：海上航行权不因教皇的赠送而受到影响

格劳秀斯认为无论是海洋还是其上的航海权均不应因教皇的捐赠而将它们归属于葡萄牙人。如前所述，既然海洋和航海权不能变成任何人的私有财产，它们也就不能由教皇赠与任何人，而且葡萄牙人也不能接受这种赠与。同时教皇既非世俗世界的君主，也非海洋的君主，他也无权作出这样的行为。由于没有人在世俗事务方面让教皇享有处理它们的法律权利，而现在讨论的是海洋和航海权，仅仅与金钱和利润有关，与精神无任何关联，他无权管辖。况且，教皇不能做与自然法相冲突的事情，而将海洋或航海权视为私有财产，然后将之赠送他人，显然是与自然法相冲突的。所以教皇的宣告是无效力的，不应影响其他国家权利的行使。

3. 第七章：时效或习惯对海洋和海上航行权不发生影响

格劳秀斯认为，海洋及其上的航行权不能以时效或习惯的名义归属于葡萄牙人。因为时效属于市民法，它不适用于国王或国与国之间；当市民法与自然法相冲突时，后者往往优先。甚至对本案（即凯瑟琳案），依据市民法，时效也不能适用，因为对于那些不能变成财产，亦即不能被占有或准占有且不能让渡的东西，通过侵占或时效来取得是不可能的。根据自然法，公共财产物或全人类共同使用的财产永远不会因时效问题而归属某人。

他反对如下观点：取得别人被剥夺的权利，往往通过时效，而取得他人不是被剥夺的权利，往往是通过习惯。因为，实际上，人类共有的航海权，并不因为某人侵占而排除他人甚至变成了某个人的财产，而必定意味着人类失去这项权利。他认为源于神法的自然法是永恒不变的，但是自然法的一部分是最初的国际法（万民法），它不同于实证的或次位的国际法（万民法），该部分是可以变动的。如果有些习俗与最初的国际法（万民法）不相一致，则它们不能随着时间的流逝而变成时效，不能通过各国间的实践或同意而建立起来。

"己所不欲，勿施于人"。既然航行除了可能会伤害航行者本人外不会对他人造成伤害，任何人都不应该在航行自由方面受到禁止或阻碍，免得自然被认为阻止了航行自由及触犯了一条公认的规则,即没有明文规定禁止的东西,都应当认为是允许的。

最后他总结出,整个案件的结论就是:葡萄牙人不可能拥有阻止他国在印度洋上航行到东印度的权利。

上述三章是整个文章的中心所在,格劳秀斯花了很长的篇幅意在说明:海洋和海上航线权不论基于什么理由,都不能改变其为人类共享共有的性质,这为后文的结论奠定了基础。

(四)贸易自由的依据(八至十一章)

下面四章重点分析了与东印度进行贸易的权利之共有性和不可剥夺性,它不可能为葡萄牙人所独占。

1. 第八章:总述

格劳秀斯指出,根据国际法(万民法),贸易对任何人都是自由的。如果葡萄牙人声称他们与东印度的贸易有独占权,他们的论点将被实践所彻底否定。根据万民法的原则,从事贸易的机会,对每个人来说是平等的,是不可剥夺的。如前文所述,自然赋予了人类所有的东西,而每个地方又不可能产生人类生活所需要的所有物种,当私有财产(尤其是动产)出现了以后,交换就不可避免,因此商业是源于生活所需,因此贸易也就出现了。所以所有的交换行为源于自然。(但对于特定的交换,如金钱支付却源于法律。)所有权,特别是动产所有权,是来自国际法(万民法)的。正如赛尼卡所言"买卖是国际法(万民法)"①。所以,自由贸易是基于国家最原始的权利,该权利不可摧毁,除非取得所有国家的同意。当然,没有哪一个国家可能反对两国之间的

---

① Hugo Grotius, *The Freedom of the Seas*, translated by Ralph Van Deman Magoffin, Oxford University Press, 1916, p.63.

贸易行为。

2. 第九章：不能以占有名义将与东印度的贸易权归属于葡萄牙人

他说不论是发现还是占有，运送货物的权利不像某些实物体，可以从物理上捉住；针对本案而言，发现或占有对葡萄牙人来说无任何帮助，因为，一开始，人们就探寻不同的道路与他人交往，而且总有一部分人会变成第一批发现者并与他人交易的人，然而可以肯定的是，这些人并没由此而获得任何权利。而且葡萄牙人并不能说明仅仅是他们与印度人进行贸易。所以独占贸易权是根本不存在的。

3. 第十章：不能因教皇的赠送而将与东印度的贸易权归属于葡萄牙人

格劳秀斯驳斥了葡萄牙人因教皇的赠送而获得与东印度的贸易权。因为任何人不能赠送任何不属于他的东西。教皇，他不是世俗世界的君主，他不能说贸易方面的广泛权利属于他。尤其是对仅与物质收益相关而与精神世界无关的贸易来说，教皇无权行使任何权利。否则，他既剥夺了印度人民与他国进行贸易的权利，也剥夺了他国人民与印度人民进行自由贸易的权利，这是不公正的。因此，教皇的权威在永恒的自然法和国际法（万民法）面前，是没有任何效力的。

4. 第十一章：不能以时效或习惯的名义而将与东印度的贸易权归属于葡萄牙人

至于时效或习俗，格劳秀斯认为，在自由国家或不同人民的统治者面前是无效力的，同时在最原始的法律原则面前也是无效的。前文述及，公共财产或共同财产不因时效问题而变成私有。与贸易有关的占有不是源自私有权，而是源自属于所有人的公共权利。一些国家忽略了与印度的贸易，但并不必然意味着他们这样做是出于对葡萄牙人的支持，而是出于自身利益的考虑。每个国家都可以根据自己的意志决定做他们未做过的事或停止他们在做的事。葡萄牙人要想建立与东印度贸易的时效权利就必须证明其强制所在。但是，在这样的案件中，这种强制是与自然法相违背的，而且对人类来说，也是应受谴责的，它不能建立这种权利。此外，这种强制必须持续很长一段时间，以致看不到其起源或源头，但实际上这是不可能的。还有，这种强制不应遭到抵制，但东印度和他国的抵制是存在的。总之，葡萄牙人意图通过时效来侵占贸易权是没有任何价值或意义的，他们这样做是枉费心机。

（五）总结（十二至十三章）

最后两章是从正、反两面对全文的总结。在这部分，他道出了荷、葡两国争端的真实目的，葡萄牙人不想减少自己的利润，不想让荷兰人来分享自己的既得利益，而荷兰人则想寻找自己的利益，与葡萄牙人共享海风和海洋，最终分享利润，他们不想让葡萄牙人永久地获得暴利。这才是问题的症结。

首先他谈到，从公平的角度来说，葡萄牙人禁止他人贸易无任何依据，然后主张荷兰人必须坚持通过和平、签订条约或战争等方式来与东印度进行贸易的权利。格劳秀斯直言不讳地指出：那些盲目贪婪的人，为了不让别人来分享其利益并竭尽全力来阻止他人贸易的行为，最终只能是白日做梦。出于最高的法律和公正，对所有人公开的收益，每个人都会为自己去争取。就本案而言，荷兰人的理由是更为理性的，因为他们的利益是与全人类利益捆绑在一起的，而这种利益恰是葡萄牙人正在试图摧毁的。接着，他论述道，既然法律和公正要求与东印度进行贸易对任何人来说均是自由的，那么我们要么通过和平的条约方式，要么通过战争的方式来维护这种自由。但是如果我们由于敌人的不正义而被迫进行战争，那我们的正义应当给良好的结果带来希望和信心。因此，如果需要的话，对没有国家控制的海洋，为了你自己的自由和人类的自由，就必须勇敢地战斗。他在为荷兰人的捕获行为做最有说服力的辩护。他认为，根据这些原则，一位正直的法官会授予荷兰人贸易的自由，而且会阻止葡萄牙人及其他人使用任何力量来干涉那种自由，若如此，荷兰人就会由此获得公正的补偿。但如果法庭上无这样公正的法官，则将会诉诸正义的战争。最后，他引经据典来说明荷兰人行为的正当性。

格劳秀斯沿着葡萄牙人对东印度、对海洋及其上的航线权及与东印度的贸易权均无独占权这一逻辑展开了层层深入、鞭辟入里的分析后，得出了自己的结论：荷兰人有权利在自然法或万民法的指引下与印度进行贸易，获取自己的利益，哪怕不惜诉诸战争。

总之，格劳秀斯在写《捕获法》及发表这篇论文时，纯粹是为了荷兰东印度公司及其所代表的新兴资产阶级利益服务的，他意图在荷兰与西、葡两国的海洋争霸中寻找依据。但其许多关于国际法的思想和原则在论文中已初步形成，对其后期国际法思想的成熟及国际法原则的奠定打下了坚实的基础。诚如英文译者所言，"完成《捕获法》的 20 年后，当战火威胁到基督教的整个架构时，格劳秀斯出版了他彪炳千秋的著作《战争与和平法》，希望能阻止或至少缓和一下毫无法律可言的人类冲突。我们现在知道，在很大的程度上，这篇成熟之作的原则和思想是基于他青年时代所作的《捕获法》中的。因此本来写作的目的是为了把东印度公司从死亡中拯救出来，最终变成了更为高尚的目的：阻止人类在屠杀的战争中自我殄灭。"①下文将归纳分析其国际法思想的起源及其影响。

四、《论海洋自由》的影响

(一) 对他本人后期国际法思想的影响,主要体现在《战争与和平法》中

1609 年至 1625 年这 14 年间,格劳秀斯的人生经历了许多变化。首先他担任了几年荷兰和西兰的警察长之职;1613 年被任命为鹿特丹市的政府法律顾问,同时也是鹿特丹市的律师,定期与市长会面。在任该职前不久,他随一个外交使团出访英国,使命是同英国续签反西班牙联盟条约,同时解决与东印度公司有关的两国之间的贸易争端。英国要求英商人可以进入由荷兰人占据的地区进行贸易,但荷兰人反对这样。对作为曾经写过《捕获法》的格劳秀斯来说,他十分熟悉国际贸易中的法律问题:他不是发表过有关海洋自由的论文吗? 现在他必须站在相反的角度来辩护了。②出访英国也让他不知不觉地卷入到了荷兰国内的宗教冲突中。回国后他发表了《论荷兰国家宗教的虔诚》一文来维护荷兰的宗教政策;同期他也在写一篇长文来论述教会与国家的关系,但出于政治原因,该文直到他死后才发表。1617

---

① Hugo Grotius, *Commentary on the Law of Prize and Booty*, translated by GW Ladys L.Williams etc., William S. Hein & Co., Inc. 1995, Page 16 of "Preface".

② 格劳秀斯性格温和,追求正义,这为他后期的国际法思想——和平与正义战争——的形成奠定了一定的条件;实际上英国之行可能触动了其对狭隘的国家利益的反思,结合他 1618 年的危机及后来出任瑞典驻法国大使及长期定居国外的经历,为他成为世界主义者提供了客观条件。

年,他成为他所在省的政府日常管理中的一员,他试图缓解宗教间的冲突,但却身不由己地成为了宗教的牺牲品。

在宗教冲突中他站在亚美尼亚派一方,不同意加尔文派的预定论,认为人们通过自己的自由行为也可以获得自救;政治上主张各省拥有较多的主权,在宪政方面认为教会与国家间关系应由各省来讨论等等。最终亚美尼亚派失利,其主要领导人及格劳秀斯被捕,后于1619年5月被判终身监禁。在监狱期间,他完成了《真正基督教诠释》及《荷兰法理学入门》等。1621年3月22日在妻子策划下,他亡命法国成功,在那里受到了法国国王的资助,并接触认识了许多学者。在法国期间,他完成了《辩护》一书,继续主张自己的观点,并驳斥其反对者对他的谴责;同时,他还研究语言学和神学,但主要还是将精力放在了法律方面,完成了三卷著作《战争与和平法》,作为礼物献给法国国王路易十三,并于1625年发表。在该著作的序言中,他概括了此书的目的、原则及来源。在第一卷中,他阐述了他的自然法哲学观,将国际法描述为法的普遍概念,其中具体的法律概念如义务、财产权等也有所涉及。现在看来,该书不是实证国际法手册,更多的是理论的阐述。国家间关系的正义性而非功利性是该书的主题。这本书奠定了他在国际法中的地位。虽然他没能活到三十年战争结束的那一天(1648年战争结束,而他在1645年去世),但该书无疑为威斯特伐利亚和会及相关的条约等准备好了法律框架,成为后来国际关系在正义原则下发展的源泉之一。

正义战争说是《战争与和平法》的核心内容,其基本思想与《捕获法》中的原则及《论海洋自由》中的观点是一脉相承、基本一致的,即正义战争的原因在数量和种类上与正义的诉讼之理由是一致的;而且在没有法院或法院不愿依据这些理由来解决争端的情况下，正义的战争与正义的捕获是推动和执行索赔的法律手段。但其早期理论多引用神学和辩证抽象法律概念，到晚期时他更多地倾向于世俗论和现代实证论，反映了他思想有了较大的变化和发展。全部国外的生涯使他清醒了许多，在写作《战争与和平法》时，他放弃了将自然法的经院概念作为他论述观点的基本要素。尽管他承认——偶尔模糊地使用——超越人定法的永久自然法的存在，但它既不再是形成自己体系归纳的中心论点，也不是得出自己结论的前提条件了。同时将传统自然法分为首要的和从属的两个阶段的观点也被放弃了。虽然原先被格劳秀斯归为首要阶段正当自卫的原则在他新的自然法概念中仍然保留，但出于实务考虑，在格劳秀斯1625年的体系中，自然法仅仅变成了《捕获法》中的属于次属地位的自然法（基本的万民法）了，也就是说通过人类理性和代表人类间共同合意，所有的原则形成于道德上的允许和道德上的不允许之上。

由于他对自然法定义进行了改变，这就不可避免地影响到他对国际法（万民法）的定义；当他提出把在《捕获法》中归为首要的国际法（万民法）另划为自然法的一个独有领域时，国际法（万民法）就在实质上变成了与其早期著作中的从属国际法（万民法）相一致的东西，即该法律本身源于各国或多数国家无须预先通过不可争辩的道德准则而达成的一致意见，预示着其实证法观点的进一步发展。在《捕获法》或《论海洋自由》中，他几乎直接引用与自然法相一致的原则，但在《战争与和平法》中，尽管也时常提到，但通常是委婉适当地引用。在思想特征上，写《捕获法》出于爱国目的及显示年轻的自信，而在写《战争与和平法》时，他已是一个依赖于外国国王的成熟的亡命他乡者，其写作的目的在于希望把文明世界从战火中拯救出来。因此，《战争与和平法》的发表标志着他已开始从日薄西山的经院式的自然法向喷薄欲出的近现代国际法思想的转变①。

在《战争与和平法》中,他认为,自然法是永恒不变的,甚至连上帝也不能改变它。②上帝的力量的确是无边无际的,但是在某些方面,上帝是不能施加任何影响的。如同上帝不能使二乘以二不等于四一样,他也不能让本质上为恶的东西变为不恶。③实际上,他将神法与自然法在一定程度上并列起来,显然不同于以前将自然法置于神法之下,提高了自然法的地位。但不论变化如何,自然法的实质仍没有改变:自然法是从人类理性中产生的,而国际法则是由共同的社会契约组成的,是自然法在国际交往中的应用和体现。④可见其后期的思想框架仍然建立在早期的思想基础上,只不过认识的深度、广度及与更大范围社会现实结合的更为紧密而已,早期的思想为后期奠定了基础。

此外,除了在自然法和国际法的分类及基本概念的内容上有不同之处外,在论述这些概念的方法上也有不同。1625年,格劳秀斯开始逐渐转向国际的实证主义,但又不愿放弃对他早期有较大影响的自然法学派的观点,这种欲罢不能的态度使其1625年的目的含糊不清,以至对其在《捕获法》中的简洁明了的论述没有产生任何不利影响。

---

① Hugo Grotius, *Commentary on the Law of Prize and Booty*, translated by GW Ladys L.Williams etc., William S. Hein & Co., Inc. 1995, Page 23 of "Preface".

② 甚至有学者认为,格劳秀斯主张,即使没有神,也有自然法。[奥]阿·菲德罗斯等著:《国际法》上册,商务印书馆1981年版,第126页,注①。

③ *De Jure Belli Ac Pacis Libri Tres*, Volume 2, Book 1, translated by Francis W. Kelsey etc., Oxford: At the Clarendon Press London, 1925, p.49.

④ 张宏生等主编:《西方法律思想史》,北京大学出版社1990年版,第93页。

自然法的特征是人类理性,意定法的特征是人的意志,国内法是由自然法产生的,人类遵守社会契约是自然法的组成部分,由于社会契约的缘故而发生了义务,而社会契约的效力又源于自然法。国际法是意定法,它是国家间意志的一致。格劳秀斯的前一思想被后来者逐步演进为社会契约论和天赋人权论,在人类史上有着巨大的影响。

实际上用今天的观点来看,自然法构成了格劳秀斯国际法思想的主流渊源,虽然实证法更多的倾向于形式渊源,即自然法的本质和内容必定要通过习惯法或制定法(如条约、协议等)形式表现出来,但格劳秀斯根本上还是赋予实证法一定的内容,而未仅仅把其看作形式。甚至今天的新托马斯主义代表人物雅克·马里旦对国际法的认识也仍然有着格劳秀斯的烙印,"万民法或国际法是处于自然法和实在法之间的,因为就产生方式而言,它同实证法一样,是通过理性判断而产生的,但就内容而言,它包含了也属于自然法的成分"①。

(二)《论海洋自由》中的国际法思想及其对后世的影响

就海洋问题,历史上曾出现过"领海论"和"海洋自由论"之争。在格劳秀斯发表该文后不久,他的主张受到了许多学者的反对和攻击,其中最有影响力的是英国的约翰·塞尔顿(John Selden),他的《闭海论》直接反对格劳秀斯的《论海洋自由》,竭力为海洋主权的主张辩护②。但最终后者成了海洋法的指导原则(governing principle)。③在内容介绍中,我们已看出其国际法

---

① 沈宗灵著:《现代西方法理学》,北京大学出版社 1992 年版,第 106 页。

② 参阅:《海洋法资料汇编》,人民出版社 1974 年版。

③ Louis Henkin, *International Law: Politics and Values*, Martinus Nijhoff Publishers 1995, p.79.

思想的端倪。当然它们不仅指海洋本身,还包括海洋里蕴涵的丰富资源均应对所有国家开放,供所有国家使用。具体说来这些思想主要包括海洋航行自由、渔业自由的思想,和平使用海上通道、和平解决国际争端思想以及人类共有财产等思想;它们对后世有着深刻的影响;另外,不可否认的是其贸易自由思想以及对贸易自由原因的推断等在其身后的世界也留下了不同寻常的印记。

1. 海上航行自由和渔业(捕鱼)自由

当初《论海洋自由》发表的真正目的在于满足荷兰新兴资产阶级的利益——获得自由贸易的权利——这一需求,但他贯之于"海洋自由"这个载体,是具有深远的历史意义的。贸易通道在人类史上到目前为止无非有三种:海上、陆路及航空,而后两者除了自身的一些物理特征外,主权管辖(领土、领空)的色彩十分浓厚,通过它们进行贸易,会遭遇到很多限制。而海洋不论是其物理特性,如流动性等,还是空间分布如面积广大、无边无际等,使其对人类贸易有着不可估量的作用。随着技术的发展,人类利用海洋的能力进一步加强,各国通过(尤其是临海国)海上通道与他国进行贸易已成为主要手段。因此,海洋自由(海上航行自由)一直是各国关注的焦点,成了海洋法体系中最先确立的重要原则之一。尽管后来海洋划分为领海、毗连海、专属经济区和公海等区域,但公海仍是海洋的主体,其他部分只占海洋的极少部分,而且就是这些部分,也遵循着格劳秀斯在《论海洋自由》中提出的一些基本原则。航行自由制度是当代海洋法的基石之一,但其核心思想和主旨仍是格劳秀斯提出的"每个国家都有在海上自由航行的权利"。

文中他还多次将捕鱼自由与航行自由结合起来,认为,"适用于航行自由的那些原则也同样地适用于渔业自由,也即捕鱼对所有的人是开放自由的"①,"如果某人意图禁止别人在海上捕鱼,他肯定难逃贪婪成性的指责"②;同样"一国的臣民对自己的国王交纳渔业税,但这并不能影响海洋自身和渔业","他国人民有权到海上的任何一地捕鱼而无须交纳任何通行税"等。③今天,捕鱼自由早已成了公海制度的六大自由之一,是海洋法的重要内容。

当然,循着海洋法形成发展的历史轨迹,我们发现公海的其他四个自由——飞越自由、铺设海底电缆和管道自由、建造人工岛屿和设施的自由及科学研究的自由——的最初源头,仍是格劳秀斯的"海洋自由"思想的发展和组成部分,这是一个不可否认的事实。

2. 贸易自由思想与要素禀赋理论和全球贸易自由化

格劳秀斯在阐释荷兰与东印度的自由贸易权的理由时,主张由于各国资源的丰缺不同,根据上帝的旨意和自然法,各国间的自由贸易不可避免。这种观点不仅符合当时的需求,就是在今天也有着积极意义。

地理大发现之后,全球贸易大幅度增长,特别是在英国工业革命之后。随着跨国贸易的日益重要,英国一些经济学家开始探讨国际贸易发展的理论依据,其中亚当·斯密的绝对优势理论、大卫·李嘉图的比较优势理论及约翰·穆勒的需求理论在这方面作出了卓越贡献。但这些理论都存在一些缺陷,于是二

---

① Hugo Grotius, *The Freedom of the Seas*, translated by Ralph Van Deman Magoffin, Oxford University Press, 1916, p.32.

② Hugo Grotius, *The Freedom of the Seas*, translated by Ralph Van Deman Magoffin, Oxford University Press, 1916, p.38.

③ Hugo Grotius, *The Freedom of the Seas*, translated by Ralph Van Deman Magoffin, Oxford University Press, 1916, p.36.

十世纪三十年代伊莱·赫克歇尔和伯蒂尔·奥林的要素禀赋理论从一定的程度上弥补了上述理论的一些缺陷,其中有部分就涉及格劳秀斯所言的"上帝让某些国家在某一方面占据优势,而让另一些国家在另外一个方面胜出"①及"贸易并非仅为了少数人谋利益的,而是为公平的资源平衡,某地某一资源富余而另一地匮乏,通过运输等完成贸易"②等,这似乎让我们看到了要素禀赋理论的萌芽,从经济学的角度看,它们对阐释国际贸易产生和发展的要素禀赋理论有着积极意义。

　　格劳秀斯在那个时代提出了迎合时代需求的"贸易自由"思想对今天的经济全球化、一体化不能不说影响深远,可以说,他是主张"贸易自由化"的先驱者之一。在有人从经济角度研究贸易自由的同时,也有人从法律制度方面进行研究并贯彻在实务之中。我们今天的世界贸易组织(WTO)规则及其前身的"关税与贸易总协定"(GATT)规则,无不是为了促进贸易自由化而努力的结果,可以说贸易自由思想贯穿于当今的国际经济条约或惯例之中。

　　当然十九世纪后半叶,随着殖民主义用枪炮打开中国及其他落后国家的大门,它们所谓的"贸易自由、机会均等"等也给这些国家带来了深重的灾难,对许多民族的心理带来了伤害。帝国主义列强在所谓"贸易自由"的旗帜下,掠夺殖民地国家的财富,奴役或奴化殖民地国家的人民,将非西方的国家视为"非文明"或"野蛮"的人类部分,显然与格劳秀斯设想的和平形态下的自由贸易相去甚远;与他在《论海洋自由》中构思的国际法思想也不可同日而语。当然,格劳秀斯早期的思想中也有其不合理

---

　　①　Hugo Grotius, *The Freedom of the Seas*, translated by Ralph Van Deman Magoffin, Oxford University Press, 1916, p.7.

　　②　Hugo Grotius, *The Freedom of the Seas*, translated by Ralph Van Deman Magoffin, Oxford University Press, 1916, p.71.

的部分,如他对下面的观点未置可否,并用来对照证明自己的看法,"对野蛮人发动战争的人,如同对美洲土著人发动战争的西班牙人,通常基于以下两个理由中的一个:野蛮人拒绝与他们进行贸易,或是野蛮人不愿承认基督的教义。"①显然,他使用"野蛮人"(barbarous peoples)一词,并似乎对将"拒绝贸易"作为对野蛮人发动战争的理由之一并不否认,多少反映了其所代表的西方中心论的殖民主义色彩。

3. 和平使用港口和无害通过通道权

在《论海洋自由》中,他说,对于归属某一国的海岸,不应影响人类的和平使用,该持有国不应当对其他国家的国际权利构成侵犯②;还说,航海通道(如果被占有且得到承认)在不损害占有人利益的前提下,对所有的人开放,大家可以自由航行通过③;甚至某人在海上享有统治权,根据国际法他仍然无权剥夺他人对海洋享有的共同使用权,这种情况下,他可能限制别人某些事情如禁止别人捕鱼,因为鱼可能会枯竭,但航行他却不能禁止,因为就此用途而言,海洋是不会枯竭的④,如同在某块已变成私人财产的陆地上,所有者拒绝他人不携带武器并无害通过(unarmed and innocent passage)是不公正的一样⑤。因此,还

---

① Hugo Grotius, *The Freedom of the Seas*, translated by Ralph Van Deman Magoffin, Oxford University Press, 1916, p.18.

② Hugo Grotius, *The Freedom of the Seas*, translated by Ralph Van Deman Magoffin, Oxford University Press, 1916, p.31.

③ Hugo Grotius, *The Freedom of the Seas*, translated by Ralph Van Deman Magoffin, Oxford University Press, 1916, pp.30-31.

④ Hugo Grotius, *The Freedom of the Seas*, translated by Ralph Van Deman Magoffin, Oxford University Press, 1916, p.43.

⑤ Hugo Grotius, *The Freedom of the Seas*, translated by Ralph Van Deman Magoffin, Oxford University Press, 1916, pp.43-44.

有什么比拿起武器来反对那些剥夺你根据自然法获得的为人类所共同享有的无害使用海洋权的人而更为正义呢①? 这些观点对当代各国港口的和平使用及各国领海内的无害通过权,不能不说有着巨大的影响。可以说领海内的无害通过权基本上就是把格劳秀斯的无害通过的实质思想无保留地吸收进海洋法的体系中。

4. 人类共同财产思想

该部分思想主要集中在海洋及海洋资源方面。文中格劳秀斯多处使用"共同"(common)、"共同使用"(common usage)这些词。他从国际法的法律措词上说,海洋应被称为"无主财产",或"共同财产",或"公共财产",但后文中他举例将"共同"与"公共"(public)区别开来。②他引用十七世纪意大利主教约翰内斯·法贝尔(Johannes Faber)的话说,"海洋仍处于自然法状态,处于它最原始的状态,它所蕴涵的所有的东西仍为人类所共有"③,否则的话,在"人类共同共有的东西"和"公共的东西"间就没有区别了:即河流和海洋间无区别了。④实际上,一国可以拥有河流,因为它可以把河流圈在自己的疆域内,但海洋则不行。格劳秀斯认为,根据原始的法律,在古代"共同"简单地说就是"特定的(particular)"反义词;"主权"或"财产权"就是"合法使用人类共同财产的特权"⑤。他认为,像海洋这样的"东西",不能而且也从未

① Hugo Grotius, *The Freedom of the Seas*, translated by Ralph Van Deman Magoffin, Oxford University Press, 1916, p.74.

② Hugo Grotius, *The Freedom of the Seas*, translated by Ralph Van Deman Magoffin, Oxford University Press, 1916, p.29、pp.34-35.

③④ Hugo Grotius, *The Freedom of the Seas*, translated by Ralph Van Deman Magoffin, Oxford University Press, 1916, p.34.

⑤ Hugo Grotius, *The Freedom of the Seas*, translated by Ralph Van Deman Magoffin, Oxford University Press, 1916, pp.22-23.

被占有过,是不能成为任何人的财产的,因为所有的财产源自占
有,而且那些由自然构成的,尽管服务于某一个特定的人但仍能
为其他所有的人共同使用的东西,不论是今天还是将来都应当永
久地保持它被自然第一次创造出来时的状态——为人类共同享
有。①文中还有许多地方提到这种类似的思想,它们无疑为后来
《海洋法公约》中的——国际海底区域②——"人类共同继承财产"
(sea-bed common heritage)制度提供了理论依据,运用该理论可以
解释"国际海底区域的开发和生产制度——'平行开发制'③"等。

5. 和平论及和平解决国家间的争端

格劳秀斯主张与他国进行贸易首选的方式是和平或条约方
式。而就和平而言,它有两种,一种是基于平等的,另一种是基
于不平等的。前者是一种平等主体间的条约,意味着具有高尚
灵魂的人们间的活动,而后者则为被迫的停战协定,常意味着奴
役;为了摆脱这种奴役获得自由,人们应远离那些强加于他们的

---

①　Hugo Grotius, *The Freedom of the Seas*, translated by Ralph Van
Deman Magoffin, Oxford University Press, 1916, p.27.

②　国际海底区域,或称"区域",是《海洋法公约》创设的新概念,它是指国
家管辖范围以外的海床和洋底及其底土。其法律地位概括为下述几点:1."区
域"及其资源是人类的共同继承财产;2.任何国家或个人不得将"区域"及其资
源占为己有,不得主张权利;3."区域"内的资源属于全人类所有,由管理局代表
全人类行使;4."区域"对所有国家开放,专为和平目的的使用;5."区域"的法律地
位不影响其上覆水域上空的法律地位。对"区域"及其资源的开发活动,由"国
际海底管理局"(简称"管理局")进行组织及控制。管理局由所有成员国在主权
平等的基础上组成。管理局的主要机关有大会、理事会和秘书处。

③　"平行开发制"就是"区域"的开发可由企业部与国家和私人同时进行。其
做法是:凡具有缔约国国籍或为缔约国国民控制,或由缔约国担保的个人或企业都
是"有资格的申请者"。申请者在向管理局提出开发申请时,须提出两块具有同样
经济价值的"矿址",并提供该两地的资源数据。管理局将其中一块矿址批准给申
请者开发,与申请者签订合同,该矿址称为"合同区";另一块矿址则保留给管理局
的企业部开发,或由企业部与某个发展中国家合作开发,故称为"保留区"。

条约。因此,对于战争,他引用西塞罗的语言,认为战争必须是为了人们和平生活而进行的,因此和平不应当意味着带有任何奴役的协议,而应是不受干涉的自由;和平是基于良好秩序的法规之上而非个人的狂想之上。[1]可见,格劳秀斯的和平观是建立在自由、平等和秩序基础之上的;即使发动战争,战争的目的也是为了和平地生活。

在谈到争端解决时他认为:如果没有一个公正的法官来解决荷兰与葡萄牙间的争端的话,则为了维护正义,荷兰人可以通过战争来获得他们应得的补偿。[2]也就是说,在国与国之间发生争端时除了双方协商之外,首先应当通过第三方来和平解决,在不能解决时,出于自然法赋予的公平和正义,才可诉诸战争。为此,他引用西塞罗的话来佐证这一观点:"解决争端有两种途径,一是协商讨论,二是武力;我们只能在不能使用协商讨论的前提下,才可诉诸武力。"[3]这一优先使用和平方式解决国际争端的思想对后世起到了积极的引导作用,迄今,它对解决国际层面的国与国间的无政府状态下的争端仍不失为一条颇有价值的根本途径。

总之,格劳秀斯的和平观及其争端和平解决的思想至今仍在熠熠生辉。

此外,他在对无主不动产如土地等权利取得的一些基本原则方面的阐述——持续、不间断的长时间地占有——对后来无主岛屿的主权取得有过较大的影响,对水湾(inlets)、内海(inner sea)及外海(outer sea)之间的法律性质的区别,对今天的海洋法制度也有着积极的影响。

---

[1] Hugo Grotius, *The Freedom of the Seas*, translated by Ralph Van Deman Magoffin, Oxford University Press, 1916, pp.72-73.

[2][3] Hugo Grotius, *The Freedom of the Seas*, translated by Ralph Van Deman Magoffin, Oxford University Press, 1916, p.75.

近现代国际法思想产生的内在驱动力和直接原因是各民族国家对经济利益的追求和国际贸易的发展,其产生的最主要的客观前提条件是技术因素和人类思想从宗教禁锢下的解放:技术的发展,使人类活动的空间,或说是某一国人民活动的空间,日趋越过国界,私人与私人之间的事务,转化成国与国之间;而思想的解放使人类有了无限丰富的想象力和创造力。在此基础上,格劳秀斯国际法思想形成的主观条件是他本人基于自己的天赋吸收了其前的一大批学者和思想家长期共同努力、思考和探索的理论成果,结合自己的亲身不平凡的时起时落的经历、体验和慎思等综合而成的结果。当然,处于特定的时代,他的思想不可避免地会存在历史局限性①,即使后来经历了数代人的发展,它仍有巨大的发展空间。

在国际关系理论方面,《论海洋自由》也有着举足轻重的位置,如有学者誉之为"帮助推翻先前葡、西两国大洋垄断体制的头号思想利器,宣告了现代世界第一条延续至今的全球性原则"②;而且格劳秀斯的法律思想被认为是介于马基雅弗利的政治现实主义和康德的激进主义或世界主义之间③;这从一个侧面反映了国际法思想的性质:介于强权政治和道德之间,也进而说明国际法作为实证法的性质。现今国际关系中,强权政治仍在左右当今世界的政治格局,英美等国公然抛开联合国,无视联合国宪章和安理会决议,试图用武力征服伊拉克,侵犯一个合法存在主权国家并试图颠覆推翻该主权国家的合法政府,这种践

---

① 相关评论参见《西方法律思想史》编写组:《西方法律思想史》,北京大学出版社 1983 年版,第 149 页,152—153 页。

② 时殷弘等:《国家主权、普遍道德和国际法》,《欧洲》2000 年第 6 期。

③ Herbert Butterfield & Martin Wight eds., *Diplomatic Investigation* 12, 1966, p.89.

踏国际法的基本原则,违反自己应当承担的国际义务,便是一个典型的例子。美英等国的行为让国际法又面临着一个新的挑战,因此反过头来研究格劳秀斯的国际法思想是有着深刻的现实意义的。

四百年前,因为新航线的发现带来的巨大利润引起了新兴资产阶级国家间的冲突及以后欧洲近现代意义上的民族国家的形成及利益纷争引起的战争,为近现代国际法思想的形成和发展提供了历史舞台;历经四百年后,国际法经历了许多重大发展,而且渐由思想理论落实到国与国关系的运用中,从威斯特伐利亚开始至今已形成了一个庞大的实证国际法规范体系。虽然它起过积极作用,但在强权政治面前,在国家利益面前,国际法的意义和作用到底有多大,这会是人们永远探寻的话题。格劳秀斯从人的理性、自然法的角度提出了对后世影响深远的国际法思想,但人类近四百年的经历告诉我们在现实世界中,这位"国际法之父"期盼的人类理想还远没有实现,在利益冲突面前,强权政治仍然迷信于武力。①看来除了国际法本身的原则和思想外,我们还需要另外一种力量——也许它最终能弥补国际法的缺陷——来与它共同促进人类和平,来有效地减小甚或消除"政治现实主义"带来的消极作用,这个力量就是人类道德观念。康德认为,有两种力量会让我们畏惧,那就是我们头顶上灿烂的星空和我们心中的

---

① 这方面典型的、可直感到的例子就是:2003 年 3 月 20 日北京时间上午 10 时 30 分左右,人类史上又多了一个以强凌弱的日子——美英联军打着解放并不需要他们解放的人民的旗号对由伊拉克人民组成的合法政府悍然发动了战争——一个让伊拉克人民付出惨重代价的日子,一个人类追求和平、正义的崇高目标受到玷污的日子。这是一场强弱悬殊巨大、没有胜负悬念的以强凌弱的侵略战争,是一场强国肆意践踏国际法原则和他国主权和人民意志的战争。

道德律令。①因此在我们研究国际法的思想和制度时,我们万不可忽略国际上舆论道德的作用,两者结合肯定会相得益彰。自康德《永久和平论》②发表以来,一直在寻求永久和平的欧洲,经过三百多年的刀与矛的碰撞,在二十世纪后十年加快实践的步伐,新世纪初欧洲一体化的推进和欧盟宪法的通过,证明理想主义在共同利益旗帜下,在法律和人类道德的双重作用下,是可以逐步实现的。

---

　　① 康德将"位我上者灿烂的星空,道德律令在我心中"作为自己的墓志铭,可见他对道德的重视。

　　② 康德认为人类的和平状态并非自然状态(status naturalis);自然状态是战争。它并不意味着总是公开敌意,但至少受到永不休止的战争威胁。因此为了从彼此敌意中获得安全,和平状态必须是建立起来的。(See Immanuel Kant, *Perpetual Peace: A Philosophical Sketch*, 1795, at http://mytholyoke. edu/acad/intrel/kant/.)针对当时欧洲连绵不断的战争,康德写出了《永久和平论》这篇充满理想主义(sweet dream)色彩的不朽之作。

英文版介绍说明

自 1914 年 8 月以来,"海洋自由"在交战国和中立国成了口头禅;似乎首次以英文出版格劳秀斯那篇主张、解释并竭力促成"海洋自由"的著名拉丁论文,既合时宜又不失为明智之举。[1] V

这本在 1608 年首次匿名发表的小册子书名,本身就解释了其写作原因:"论海洋自由,或荷兰参与东印度贸易的权利。"显然这是一个公开的秘密:它由年轻的荷兰学者和律师格劳秀斯写就。该秘密直到 1868 年才被披露:《论海洋自由》正是格劳秀斯于 1604—1605 年间冬季所著《捕获法》一书第十二章;该书于 1864 年被人首次发现,并于四年后面世。[2]

《捕获法》一书的出版非常重要,因为它揭示《论海洋自由》的作者在写作该文时已是一个非凡的国际法学家;无疑,这证明格劳秀斯 1625 年的杰作《战争与和平法》绝非匆忙间的仓促产物,而 VI

---

[1]　关于海洋自由和格劳秀斯与该学说相关的内容,参见厄纳斯特·奈斯:《论国际法的起源》(1894 年法文版),第 379—387 页,厄纳斯特·奈斯:《国际法与政治法研究》(1901 年法文版)第二卷《论交战》,第 260—272 页。有关英文论述,参见沃尔克:《国际法的历史》第一卷(1899 年),第 278—283 页。
关于对《论海洋自由》杰出作者的令人有趣的概述,参见摩特利:《巴尼维尔德的约翰之生平》第二卷第二十二章;关于对格劳秀斯国际法观点的分析,参见哈莱姆:《欧洲文学概要》(第四版),第二卷第三部分第四章第三节;关于对格劳秀斯作为一个人道主义者的论述,参见森蒂:《经典学识史》(1908 年)第二卷,第 315—319 页。
[2]　雨果·格劳秀斯:《捕获法》,由 H.G.哈梅克编辑并附有"导言",1868 年由马丁乌斯·尼吉霍夫出版社在海牙出版。

是二十多年日积月累的研究和思考的顶点与结晶。还有一个更为重要的事实是:无论是《捕获法》还是《论海洋自由》,都不是哲学方面的即兴之作,因为事实表明格劳秀斯早已被荷兰东印度公司聘为其代理律师,以论证该公司一船队于 1602 年*在马六甲海峡捕获葡萄牙人一艘大型运货帆船的合法正当性;《捕获法》一书——《论海洋自由》为其中一章——具有辩护状性质;首次系统论述万民法之作——《战争与和平法》——不仅具有哲理的探讨,而且更是直接起因于一个实际案件以及格劳秀斯受聘辩护所为。①

---

* 应为 1603 年——中文译者注

① 为佐证下面的观点——格劳秀斯在因船队的捕获而引发的案件中,受聘为法律顾问以服务于荷兰东印度公司及《捕获法》一书是一份辩护状——参见 R.弗鲁恩:《通信集》第三卷《雨果·格劳秀斯的书信》荷兰文版,第 367—445 页。

以下段落引自该著名论文:"在忙于出售那些[来自被捕获的商船"凯瑟琳号"]并在阿姆斯特丹的军械库卸载下的]物品时,在海事法庭前,裁判该战利品的程序是以通常的形式进行的。权利主张方:荷兰将军,八名高级市政管理事会和希姆斯克科海军上将;……1604 年 9 月 9 日,最终裁决作出,商船及从商船上获取的物品被宣告没收或充公。"(第 389—390 页)

"哈尔休斯采取某些措施,以海军兵工库的军火换抢劫物;在其他的记录材料间,他在其《第八军舰》中保存了由海军作出的有关这方面事情的判决;此外,我们一无所知。通过它,我们知道主张权利一方要求对战利品进行裁判的依据或原因。这些依据就是格劳秀斯在其书中提到的同样的十二个理由……这种一致可基于格劳秀斯肯定熟知的判决来作出解释;但他不是一个仅仅重复其他人在其面前作证内容的人。我趋向于认为:在审判程序中,他作为一个法律顾问而服务于公司,且他自己是该判决所依赖的书面权利主张书的作者之一。因此,如果在其书中,他将其扩展很长,并将在权利要求书中已成立的观点清楚明白地显示出来,不应让人感到惊奇。"(第 390—391 页)

"我不能明确地说明董事们如何说服雨果·格劳秀斯来写这一辩论词;我也不能找出任何证据来证明这一点。他自己在后来写给他兄弟的一封信中说:他与公司有着密切关系。就下面一点,也不可能有任何疑问:他在写该书的时候,利用了联合公司及其前身的档案资料。如果上述假定——我在其他地方也试图做这种假设——是正确的,那么在该案审理过程中,他显然是担任了公司的法律顾问,接着极可能的是:他与董事们协商后,便动笔写作该书,并成为代表他们的第二个请求辩解。"(第 403 页)

　　众所周知,当时西班牙人宣称对太平洋和墨西哥湾拥有权利,葡萄牙人则以同样方式声称对摩洛哥以南的大西洋和印度洋拥有权利;而且两国当时在一共同主权下,声称有权排除所有外国人航行于或进入上述水域,并千方百计地加以实施。那时正在与西班牙交战的荷兰人,尽管从技术上说,与葡萄牙人并无交战,但是,却已于 1598 年在毛里求斯岛建立了荷兰人定居点。稍后,他们又在爪哇和摩鹿加群岛建立了殖民地。1602 年,荷兰东印度公司成立;因为该公司试图与东印度人进行贸易,其船队与葡萄牙人从事东方贸易的船队进入了竞争状态,故后者一直在寻求措施意将荷兰人赶出印度水域。东印度公司雇用的一名船长万恩·希姆斯克科,在马六甲海峡捕获了葡萄牙人的一艘大型运货帆船。与东印度进行贸易是一回事,而捕获葡萄牙人的船只却是完全不同的另一回事。所以,公司的部分股东/成员拒绝接受分给他们的捕获品;其他人在公司内部卖掉了自己的份额;甚至有人想到在法国成立一家在国王亨利四世庇护下的新公司,这样就可以在和平状况下进行贸易,而避免所有的战争行为。可见,此事非同小可。显然,有人咨询了格劳秀斯,格劳秀斯写成了《捕获法》;它实质上是一个辩护状,确切地说,是律师的辩护词。①

---

　　① 格劳秀斯本人对此事的描述,参见他的 *Annales et Historiae de Rebus Belgicis ab Obitu Philippi Regis usque ad Inducias Anni 1609*(拉丁文本——中文译者注),写于 1612 年,但首次出版在 1658 年,第一册,第 429 页。

　　关于《捕获法》论文在何种情况下写就的更为详尽的描述,参见哈梅克版本的《捕获法》,第 7—8 页。著名的历史学家和学者,罗伯特·J.弗鲁恩,在对有关证据全部核查后,告诉哈梅克,格劳秀斯是受聘于公司来准备对《捕获法》进行评论的。哈梅克英文翻译的准确陈述如下:"弗鲁恩的观点是,他(格劳秀斯)从事该书的写作是应公司的邀请而为,该书中他是作为公司的发言人。"

　　关于《捕获法》的分析及写作的环境背景,参见耶尔斯·巴勒德万特的格劳秀斯研究,第 131—137 页,155—179 页,载于皮尔立特的《国际法基础》(1904年法文版)。

VIII　　1608 年,西班牙与荷兰开始谈判,结果在 1609 年 4 月 9 日达成了为期 12 年的《安特卫普停战协议》;在谈判中,西班牙人试图从统一后的荷兰各省那儿得到其放弃在东、西印度贸易权利的保证。于是,可能出现下列情况:荷兰东印度公司要求格劳秀斯出版其辩护状中与海洋自由相关的部分。格劳秀斯便以"论海洋自由"为题,完成此文,满足了公司的要求;其中,他做了必要的修改,以便该文独立成著。

　　人们会注意到《论海洋自由》的写作旨在驳斥西班牙人和葡萄牙人对公海权利主张的不正当性及它们由此排斥外国人在公海上活动的行为。该文没有涉及英国对海洋的权利主张,尽管其主张的范围小一些但同样不正当。然而,如果格劳秀斯的辩论是合理的话,英国对其南部和东部的公海部分及没有界定的北部和西部地区的权利主张应同样在讨论的范围。为此英国著名的律师、学者和国际法专家塞尔顿毛遂自荐,代表其国家在 1617 年或 1618 年写下了《领海论》(又译《闭海论》)一书(虽然直到 1635 年才出版),针锋相对地反驳《论海洋自由》一文的观点①。在将该

----

　　①　塞尔顿的《领海论》不是仅有的替英国辩护的书,《论海洋自由》也不是格劳秀斯为海洋自由而投掷的惟一长矛。1613 年,英国的威廉姆·维尔沃德,阿伯丁大学的民法学教授,出版了一本题为《所有海洋法的节略本》一书;在书中,他站在支持英国一边,其第 27 章,自第 61—72 页,讨论海洋共同体和海洋财产。两年后,他出版了第二本著作,这次用拉丁文写就,题为"De Dominio Maris Juribusque ad Dominium Praecipue Spectantibus Assertia Brevis ac Methodica"。

　　格劳秀斯对维尔沃德的第一次攻击准备了回应,但没出版,题为 Defensio Capitis Quinti Maris Liberi Oppugnati a Gulielmo Welwod Juris Civilis Professore, Capite XXVII ejus Liberi Scripti Anglica Sermone cui Titulum Fecit Compendiium Legum Maritimarum(拉丁文本—中文译者注)。它与《捕获法》同时被发现,并于 1872 年在穆尔勒的 Mare Clauum, Bijdrage tot de geschiedenis der rivaliteit van Engeland en Nederland in de zeventiende eeuw(拉丁文本。——中文译者注)中发表。

书献给英王查理一世时,塞尔顿说:"国外有些作者急不可待地
将国王陛下的东南两个方向更为辽阔的海洋划归于他们的国
王。也有极少数人,则主要追随古罗马帝政时期法学家,竭力论
证,或者说,背离理性而草率地声称,所有海洋是整个人类普遍
共有的。"塞尔顿之作具有双重意图:首先,"根据自然法或国际
法,海洋不为所有的人所共有,而像陆地一样可以为私人控制支
配,也可成为私人的财产";其次,"大不列颠国王是到处流动的
海洋之主,海洋是大英帝国不可分离的、永久的附属品"。

　　套用尼尔斯教授的明快话语,在文人之争中,荷兰学者胜过
英国对手。如果不能说,格劳秀斯展示其学问"如花朵般轻巧",
那么相比之下,塞尔顿的论著则显得过于沉重;《论海洋自由》仍
是值得一读的书,而《领海论》实际上早已尘封;在布满浮货或废
弃物的险情漫漫的水面上,《捕获法》之第十二章*乘风破浪向
前,而其笨重的对手则已沉入了水底。

　　塞尔顿之作歇笔后约两百年,在 1817 年判决的重要案
件——"路易斯案"(《多德森判例汇编》第 2 卷第 210 页)中,威
廉姆·斯科特爵士(后来为斯通维尔勋爵,这位塞尔顿国度里的
显赫名人)否认英国在其始于海岸的海上同盟海域之外可行使
管辖权的主张,同时,他指出:

　　"我必须看到,人们已普遍地承认两项公法基本原则。

　　一是所有单个国家是完全平等和充分独立的。国家的相对
大小不产生权利的区别;相对的弱小,不论是永久的还是临时
的,并不给予其更为强大的邻邦以额外的权利;任何依赖于实力
基础而取得的优势是一种侵占。这是公法的重要基础,就人类
的政治和他们各自的能力而言,它主要关心的是:维护人类和平

---

　　* 指《论海洋自由》。——中文译者注

不受侵犯。

　　二是既然人类所有的国家均平等,那么所有的国家对未被占用的海洋部分都有不受干扰而进行海上航行的平等权利。在没有当地权威存在的地方,在所有国家的臣民基于完全平等和独立而相会的地方,任何国家或其臣民都无权假定和行使对他国臣民的权威。"

　　如下文引述,在《领海论》前言的结尾处,塞尔顿所用语言作为本说明的结语再恰当不过了,尽管是反其道而用之:

　　"其他的相同通道到处都有。但我在一个如此明了的事情上过于自我表白。所以,我避免对着太阳来点燃蜡烛。再见了,各位读者。"

国际法分项目主任
詹姆斯·布朗·斯科特

华盛顿,哥伦比亚特区
1916 年 2 月 28 日

英 文 译 者 序

拉 丁 文 本

拉丁文本是以 1633 年的艾尔泽瓦尔(Elzevir)版本为基础，其修改内容仅仅在于使拉丁文与今天的条布那(Teubner)及牛津版本相一致。

注释中参照的经典作家们的资料以非略语形式给出，其他方面遵循拉丁语索引百科全书。民法的引用以现代符号标出，紧随其后的括号( )内是过去的文献参考方法。使用的文本是毛姆森(Mommsen)，克鲁格(Krueger)，施奥尔(Schoell)和克洛尔(Kroll)文本。教会法引用于 1879—1881 年的弗里德伯格(Friedberg)版本。所使用的缩略语见下面注释。

译 文

译者诚挚地对从经典作家们标准译本中所引用的相关段落表示感谢，这些参考译本在注释中已一一列出。译者也参阅了由库淳·德·格兰德庞德(1845 年)翻译的法文译本。但译者主要感谢他的同事和朋友，约翰斯·霍普金斯大学的科比·弗洛尔·史密斯教授；史密斯教授通读了整个译本，并让译者在许多麻烦颇多的段落中，从其拉丁语知识和地道的英语中受益。本文翻译的精准之处归功于史密斯教授，但译文的谬误却仅由译者承担。

同样要感谢约翰斯·霍普金斯大学的维斯特尔·伍德布利·维尔劳比教授,他耐心地通读了译文的长条校样(galley proof),让译者从他的法律技术知识中得到帮助;感谢约翰斯·霍普金斯大学的同事,维尔弗雷德·穆斯塔德教授,他帮助译者克服了翻译过程中的许多困难;感谢美国天主教大学的教区长沙罕大主教,他花费宝贵的时间根据神学或教规学的作者们的著作将格劳秀斯的一些缩略语参考文献还原;感谢约翰斯·霍普金斯大学在希腊的研究员,约翰·柯莱特·马丁先生,他在确证核实参考文献方面对译者给予了巨大帮助;感谢在本书出版过程中库恩和伯顿公司的诸位先生们给予的善意慷慨的帮助。

缩 略 语 列 表

Auth.，*Authenticum*(《查士丁尼法规汇编》)。

Clem.，*Constitutiones Clementis Papae Quinti*(《教皇克雷芒五世判例集》)。

Dist.，*Distinctio Decreti Gratiani*(《格拉提安尼政令集》)。

Extravag.，*Constitutiones XXD. Ioannis Papae* ⅩⅩⅡ《〈教令集〉外教令,教皇约翰二十二世教令集XXD》)。

*Lib.*Ⅵ，*Liber Sextus Decretalium D. Bonifacii Papae* Ⅷ(《教令集》第6卷,《教皇波尼菲斯八世教令集》)。

其他缩略语不会给阅读带来困难。

注 释 事 项

拉丁文本的单词、词组的大写字母是依据艾尔泽瓦尔版本类型出现的。

为使原文本和译文尽可能各自独立完整,译文中的注释与原文基本一致,但视情况需要,以或缩短、或扩充等形式做了微调,或重复原稿的注释。格劳秀斯拉丁语文本中的注释均以相当简略的方式给出,所列参考文献很少有详细具体内容。这些译者加以扩充,但译文未给出进一步的解释。

  翻译文本或注释中[ ]里的内容,系译者所增内容。

论海洋自由

或

荷兰参与东印度贸易的权利

致统治者及基督世界
自由独立的国家

　　自古以来,错觉令人厌恶。许多人,尤其那些靠着其财富和权力施加极大影响的人有错觉,要说服自己,或者如我所信,要试图说服自己区分正义与非正义不是基于其本性,而是仅仅根据人们的看法和习惯所形成的某些流行方式。因此,那些人认为:法律和公平外表的设计完全是旨在压迫、征服生来处于服从地位者的不同意见和反抗,同时确认自己处于高高在上的地位,并应根据其喜好来分配正义;而其喜好又仅受制于自己对什么是利己的理解。这一观点虽显荒诞、有悖自然,却获得了很大的市场;但这决不会引起人们的惊奇,因为我们不仅必须考虑人类具有的既追求邪恶又追求其教养者等共同弱点,还要考虑人们总要面对的权力及在权力面前的谄媚艺术。

　　但是,另一方面,在每一个时代都有站在时代前沿的人,他们独立、睿智、虔诚,能够将这一错误的理念从那些纯朴的人们心中彻底清除,并让其鼓吹拥护者感到无地自容。因为他们展示出了上帝是宇宙的创立者和统治者,尤其是作为人类之父,他未将人类像其他生物那样分为不同的种类和彼此各异的物群,却将他们变成一个种类且只有一个众所周知的名字;而且他给予人类同样的来源、同样的结构机体、彼此审视对方面孔的能力,还有语言和其他交流方式,以便于他们都能够认知他们自己的、自然的社会连带与亲属关系。他们还说明,上帝是万能之主和人类家庭之父;对他因此建立的家庭或国家,他所制定的法律,不是刻在铜版或石头上,而是写在人的意识里和每个人的心中,甚至连不愿遵守法律和桀骜不驯的人也必须知道它们。这些法律对伟人和平民一样有约束力;国王没有权力反对它们,正如同平民百姓没有权力反抗地方行政官员的政令、地方官员无权对抗州府首长律令、州府首长无权违抗他们自己国王的法令一样;进而上述各国各城市来自神法及因此而获得尊严和威仪的具体法律本身,也不能违反上帝的旨意。

那么,有一些事情是每个人和其他所有人共享的,而有些东西显然属于他个人而不能同时被他人所有,恰如同自然将其创造的一些为人类使用的事物应为所有人共有,而另外一些财物则要通过每个人的勤奋和劳动才可归为己有一样。况且,制定出的法律是要覆盖这两种情况的,以便所有的人可以使用公共财物而不损害他人利益;而对另外一些财物,对自己所有感到满意的人,可能会自我节制,不把手放到他人的财物上。

既然没有人能够无视这些事实,除非他不再属于人类;且除了接受自然之光之外,对所有真理都视而不见的种类已认识到它们的力量,那么基督世界的国王和国家,你们应该怎么想、怎么做呢?

3　　　如果每个人都认真思考到:向他索求的东西是神圣的宗教职业所需的,是避免不正义的最起码义务;那么,每个人当然都会知道其责任正是源自他对他人的要求。你们没有一个人不公开宣称人人有权管理和处理自己的财产,没有一个人不坚持所有的公民享有平等和无差别的权利来使用河流和公共场所;你们中无一人不倾尽全力为旅行和贸易自由而辩护。

如果认为我们称为国家的小社会不适用这些原则将不能生

存(当然肯定是不能),那么那些同样的原则为何不是维系整个人类社会结构和维持由此而致的和谐之必须呢? 若有人起来反对这些法律和秩序原则,你会正义地感到愤怒,甚至下令给予他与其冒犯相称的惩罚,因为没有什么其他原因比允许该种冒犯更能使政府不平静了。如果允许一国王不公正地、采用暴力针对另一国王,一国家针对另一国家,此等行径将会打乱宇宙状态的和平宁静,并进而构成对至高无上的统治者的冒犯,难道不是吗? 不过,有一点区别:如同低一级的地方长官裁判平民百姓,你来裁判地方官员,而宇宙之王则命令你认定所有其他人的罪责行为,并惩罚他们;他却为自己保留了对你的罪过的最终惩罚权。但是,尽管他自己对你保留了最终惩罚权,且这些惩罚虽然是缓慢的、看不见的,却是不可避免;因为他指派了连最幸运的罪人也难于逃脱其审判的两个法官——良心(或个人自己的内在评价)和公意(或他人对某个人的评价)——来干预人类事务。

这两大法庭向所有被他人剥夺权利者开放;向无权力的上诉者开放;在两大法庭中,那些惯于靠力量取胜的人,那些对专横不设限制的人,那些认为以人类鲜血为代价买来的物品廉价的人,那些以不正义来防卫不正义的人,以及那些如此公开张扬他们邪恶,以至必须遭受到善良的人的一致谴责,并且他们在自己的灵魂之栏面前不能清亮的人,将得到败诉下场。

今天,我们向这一兼有良心与公意的法庭提出新的案件。实际上,它根本不是诸如私人公民常将邻居因掉下一个檐角或部分墙体而告上法庭此类微不足道的案件;也不是诸如国家经常因国界线或对河流或陆地的拥有而引起与另一国的争端案件。不是! 它是一个涉及整个公海广阔区域、航海权和贸易自由的案件!! 我们和西班牙人正在就如下观点争论:难道浩瀚无边的海洋仅仅只能成为一个王国的附属财产,难道它不是(由各

国来分享的)最伟大的力量吗？难道任何一国有权利阻止如此
渴望彼此间进行买卖、从事以货易货交易、开展交往活动的其他
国家行为吗？难道任何国家能够出卖它未曾拥有过的财物，或
发现已属他人的东西吗？长期存在的、明显的非正义能创造出
一项具体的权利吗？

在这场争论中，我们诉诸那些西班牙法学家，他们特别专长
于神法和人法；我们实际上引用的正是西班牙法本身。如果那
样无用的话，且理性明确证明有错误行为的人被维持那种态度
的贪婪所诱导，那么，我们祈求您国王陛下，或王子殿下，您的诚
信，您的人民，来解决；无论您是谁，您在何处。

我所提问题并非深奥莫测、错综复杂。这不是一个似乎隐
含于最深奥的模糊语言中的神学问题，而是人们长期争论不休
的问题，以至于睿智之人几乎相信在胁迫下表示同意，那么总是
可以找到真理的。这既不是涉及我们政府的地位问题，也不是
不通过战争而通过恢复赢得独立的问题。关于这一点，那些有
着祖先法律和荷兰人民传统惯例知识的人，和那些认识到其国
家不是非法建立的王国而是建立在法律基础上的政府的人，能
够得出一个正确的结论。不过，就此而言，不再盲目服从其信念
的，具有正义感的法官已被说服；许多国家的公权机构已完全让
那些寻求先例者心满意足；我们对手的承认甚至给那些蠢人和
邪恶者都没有留下什么质疑之处。

但我在此所提内容与上述事情毫无共同之处。它无需麻烦
的调查。它不取决于含有诸多众人难以理解之事的圣经解释，
也不依赖于任何一国所制定的、其他各国几乎难以明了的政令。

必须裁定的本案所依据的法律是不难发现的，因为在所有
国家，这是完全一样的，且它是人们容易理解的法律；因为对每
个人而言，这是天生就了解、且植于内心的法律。何况我们所求

助的是如此法律：任何国王都不应将其臣民拒之门外，任何基督徒都不应排斥异教徒。因为，它是源自自然——我们所有人的共同之母，其恩赐降临在我们每个人的身上，其统治力延伸扩展至统治国家的人——的法律，它由那些最为小心翼翼地保持公正者，抱着最虔诚之心掌控着。

认识本案的起因吧，所有王子！了解本案的起因吧，所有各国！假如我们的要求不是正当的，那么，你们了解自己的权力，以及我们近邻中部分人的权力，并总是令我们牵挂。谨慎使我们清醒，服从也是题中之义。如果肯定我们在这一事件过程中做错了什么，我们不会反对你们的愤怒，也不会轻视人类的嫉恨。但是假如我们是正确的，那么你们将如何看待这一事情以及寻求什么样的行为路径，留由你们的正义感和公平感来判定。

在古代，在那些文明比较发达的民族中，人们认为对那些愿意用仲裁来解决其争端的人发动战争，是最严重的犯罪；但是，如果那个国家拒绝所有他国提出的公平要求，并利用其资源来征服其他国家，那么它就不是某一国家的敌人，而是作为所有其他国家的共同敌人。为此，我们看到了条约的签订和仲裁人的任命。君主们和那些强国通常认为没有什么比迫使傲慢无礼者守法和帮助弱小者伸张正义更为行侠仗义和高贵了。

如今，人们如果习惯地认为关乎全人类的事，也事关每个人自己，则我们应当安全地生活在更加和平的世界里。由于许多专横逐渐消去，那些现在出于私利而忽略正义者，将会忘却以自己的代价换来的不正义之教训。

我们感到，也许我们不应执着地对自己事业抱着愚蠢的希望。但是，在任何情况下，我们相信，审慎掂量过本案事实后，你们会认识到推迟和平无异于引起战争，都会引起我们向上帝指派的法官的起诉。而且,迄今由于你们的宽容,甚至于有利于我们的处理方法,使我们确信,你们不仅会保持这种善意的态度,而且在将来对我们会更为友好。对于信奉幸福之首在于善行,其次为良好名声者,没有什么比这更令人期待的了。

第一章　所有人依国际法
均可自由航行

本文旨在简明扼要地证明荷兰人——尼德兰联邦的国民——有权航行到东印度，正如他们现在正在做的那样；他们也有权与那里的人民进行贸易活动。我的论点是基于以下最为明确且无可辩驳的国际法原理，我们称之为头等重要的法则或首要的原则，其精神不证自明且永恒不变，即每个民族均可与另一民族自由地交往，并可自由地与之从事贸易。

上帝自己借自然之口道出此原理，因为他无意让每个地方都产生人类生活所需的一切东西，所以他要求某些民族在某一方面具有优势，而另一些民族在另一个方面胜出。为什么这是上帝的旨意呢？也就是说，上帝希望人类通过彼此间互为需要和资源共享来促进人类友谊，以免每个人因认为自己完全能够自给自足而索居离群。因此，根据上帝的正义命令，就出现了一地人民应为另一地人民提供必需品的情况，以至于正如罗马作家普林尼（Pliny）* 所言①，通过这种方式，任何一地生产的任何东西都应当视作为所有人生产的。对此，维吉尔在诗中也吟咏道：

---

* （老）普林尼（23年？—79年），罗马政治学家、博物学家。——中文译者注
① 《颂词》29，2。

"并非每一块土地上都长出每一种植物"①；

并在另一处写道：

"让其他人来更好地铸造流动的金属熔融体"，等等②。

因此，那些否定此法律者，破坏了人类友谊中最值得称颂的这一纽带，剥夺了人类相互提供服务的机会，简言之，违反了自然本身。上帝赐予人类环抱整个地球、且在其上可到处航行的海洋，及让今朝从一地掀起、明日又从他方骤起的季风和变化莫测的风向，难道不是提供了一个雄辩的证据证明——自然赋予每个人与其他所有人相互交往的权利吗？赛尼卡③认为这是自然赋予的最伟大的服务，即通过大风，她将散居各地的人民联合起来，然而又将万物广泛分布于全球各地以使人类必须从事相互间的商业往来。因此，该项权利为各民族平等享有。事实上，那些最著名的法学家们④早已将此扩展适用于否定任何国家或任何统治者可阻止外国人与其国民来往并与他们从事贸易的行为。于是，最圣洁、最适宜的法律应运而生；诗人维吉尔为此抱怨：

"什么样的人，什么样的怪物，什么样的无人性的种族，

　　什么样的法律，某地什么样的野蛮的风俗，

　　对一个正在被溺死的人，封锁荒凉的海岸，

──────────

① 《农事诗集》II，109(古罗马诗人维吉尔的长篇田园诗)[德莱尔顿译本，第II集，154]。

② 《埃涅伊德》VI，847—853(古罗马诗人维吉尔作的叙事诗)[德莱尔顿译本，第VI集，1168—1169]。

③ 《自然的问题》III，IV。

④ 《法学阶梯》II，1；《学说汇纂》I，8，4；参见詹逊里斯《战争论》I，19；参见《法典》，IV，63，4[格劳秀斯特别提到了其著名的前辈艾尔布里克斯·詹逊里斯(1552—1608年)，一位来到英国的意大利人，曾被任命为牛津大学皇家民法教席教授。他在1588年出版其《战争论》]。

又把我们赶回到凶残的大海里。"①

另：

　　"如果不需要，祈求你节省下——

　　共有的水和共有的空气"。②

　　我们知道有些战争就是由于这方面的事情引起的：比如麦加拉人（苏格拉底派别的人）对雅典人的战争③，波隆那人对威尼斯人的战争就是例子④。而且，维克多利亚⑤认为西班牙人应当可以举出正当的理由来对美洲的阿芝台克人和印第安人发动战争；如果他们果真在这些人当中的旅行和逗留受阻，而且他们根据国际法或习俗分享普天之下共有物的权利遭拒绝，最终他们无法从事贸易，则这些似乎可能的理由应当远甚于人们所提出的。

　　在摩西史上我们可以看到类似的情况⑥，我们发现在奥古

9

----

　　①　《埃涅伊德》Ⅰ，539—540（古罗马诗人维吉尔作的叙事诗）[德莱尔顿译本，第Ⅰ集，760—763]。

　　②　《埃涅伊德》Ⅶ，229—230（古罗马诗人维吉尔作的叙事诗）[德莱尔顿译本，第Ⅶ集，313—314]。

　　③　狄奥多鲁斯·西库鲁斯Ⅺ；普鲁塔克，《伯里克利》ⅩⅩⅨ，4。[雅典的法令禁止麦加拉学派（苏格拉底学派）的人与雅典人或雅典帝国的任何部分进行交易，是导致伯罗奔尼撒战争的主要原因之一]。

　　④　卡罗·西果尼奥[（1523—1584年），意大利人文主义者，在其作品中如是说]《论意大利王国》。

　　⑤　维克多利亚，《印度》Ⅱ，注1—7；科瓦鲁维耶思，在其"罪刑"一章中，§9，注4，同注库因特[弗朗西斯科·维克多利亚（1480—1546年），西班牙著名的经院哲学家，多米尼加人，自1521年至去世前一直是撒拉门加的神学教授。他的13部选集（relectiones）（《印度》是其中第5部）在他死后的1557年出版；1686年的科隆版被认为最为出色。

　　迭戈·科瓦鲁维耶思（1512—1577年），西班牙风格的巴托鲁斯。他可能因系统阐述特伦特（意大利东北部的城市）理事会的改革令而赢得声誉。其五卷本的安特卫普1762年版的著作是最好的。]

　　⑥　第ⅩⅪ，21—26号。

斯丁的作品中也有所提及①：以色列人用他们的剑锋公正地重击亚摩利人（Amorites），是因为后者不让他们无害通过其领土，而这正是从所有正义角度来看根据人类社会的法律应当被允许的权利。为了维护这一原则，赫尔克利斯在皮奥夏（Boeotia）＊进攻奥宙门努斯（Orchomenus）国王；希腊人在他们的领袖阿加盟农的领导下基于——如同巴尔都斯（Baldus）②所言——公路根据自然是自由的这一原因，对密西亚＊＊国王③发动了战争。同样在我们看塔西佗＊＊＊（的作品）④时，不难理解德国人指责罗马人"阻止了他们间的所有交往，对他们封闭了河流、道路甚至几乎包括天国给予的空气"。在基督徒进行十字军东征反对撒拉逊人（Saracens 阿拉伯人的古称）的日子里，没有什么其他理由比异教徒拒绝给予基督徒们通往圣地的自由更为容易被人接受或更为可能的了。⑤

10

---

① 《话语录》Ⅳ（有关数字），44；埃斯修斯，c. ult. 23，4，2［埃斯修斯（年？—1613 年）是荷兰的一位对圣保罗使徒书（圣经新约中的，或译书札）和圣奥古斯丁的著作进行注释的注释学家］。

＊ Boeotia，或译比奥夏即维奥蒂亚（希腊中东部一地区）。——中文译者注

② ［格劳秀斯意指索福克勒斯（古希腊悲剧家）。——中文译者注］的《特拉基斯少女》（Trachinae），但也可能来自自己的记忆，因为在那部剧中并没有这样的内容］。

＊＊ Mysia，小亚细亚西北方的古国。——中文译者注

③ 巴尔都斯·德·乌勃尔底斯，《辩论案件集》（Consilia）Ⅲ，293。巴尔都斯（1327—1406 年）师从伟大的巴托鲁斯（1314—1357 年），意大利著名国际私法学家，创立法则区别说。——中文译者注

＊＊＊ Tacitus，塔西佗为古罗马元老院议员，历史学家。——中文译者注

④ 《历史》，Ⅳ，64［与市民社会的进步有关］。

⑤ 安德里·阿尔西亚提，《评论集》Ⅶ，130；科瓦鲁维耶思，其"罪刑"一章中，§9，第 2 页；《巴托鲁斯论〈法典〉》Ⅰ，11［阿尔西亚提（1492—1550 年）由查理五世将其变为 Comes Plalatinus，教皇保罗三世授予其一顶大主教的帽子，他拒绝接受，但最终他成为（罗马天主教）教廷书记长］。

因此,可以推论,葡萄牙人即使对荷兰人航行经过的那部分海洋拥有主权,如果阻止荷兰人通往那些地方并禁止其在那里进行贸易的话,也不应该对荷兰人有任何损害行为。

那么,那些希望建立相互间商业关系的国家,被另外一些既不能对利害关系国又不能对它们间连接公路的任何延伸部分享有主权的国家的行为所阻止,对它们而言,难道这不是一个更为难以估量的损害吗? 这难道不正是在很大程度上促使我们对这些强盗和海盗的行为,即他们困扰和阻断我们的贸易航线,进行诅咒的理由吗?

第二章　葡萄牙人无权以发现之名对荷兰人航行到的东印度行使主权

　　葡萄牙人不是荷兰人航行所及东印度各地,即爪哇、锡兰①和摩鹿加群岛＊许多岛屿的统治者。我依据不可辩驳的真理所证明的是,无人占有之物,且无任何他人以其名义持有某物,则为无主物。我们所说的这些岛屿,如今,而且一直有其自己的国王、政府、法律及其制度。当地居民允许葡萄牙人与他们进行贸易,就如他们允许其他国家的人享有同样的特权一样。因此,葡萄牙人支付了通行费,在当地统治者的首肯下进行贸易,这就充分证明他们是作为外国人而非统治者到那里去的。实际上他们只是勉勉强强地在那里居住而已。尽管冠之于享有主权的资格还不够,因为占有是前提——占有某物与有权获得某物很不相同,然而我可以肯定葡萄牙人在那里根本就没有获得主权名义,连那些饱学之士,甚至西班牙人也不能否认那里的主权早已存在。

　　首先,如果他们说作为其发现的回报,这些岛屿被置于其管

---

　　①　[塔布罗贝恩是锡兰的古名字。弥尔顿在其《重获的天堂》Ⅳ,75 中提到:"还有最为遥远的印度岛屿塔布罗贝恩"]。

　　＊　Moluccas,印度尼西亚东北部马鲁古群岛。——中文译者注

辖之下，则在事实和法律两方面他们均撒了谎。因为如戈耳迪恩（Gordian①）在他的信中所指出的那样："发现某物不仅仅是目光捕捉到了它，而且还是实实在在地占有它。"出于该理由，语法学家们②赋予"发现"与"先占"这两个词语以同样的涵义；而且在所有拉丁文中，短语"我们所发现的"就是"我们已得到的东西"；与之相反的就是"失去"。然而，自然理性本身、法律的精确用语和所有饱学之士③的解释都清楚地表明只有在实际占有时，才足以赋予"发现"行为以明确的主权名义。当然，该原则仅行之有效地适用于动产或被确实包含在有固定界限内并得到护卫的不动产。④在我们讨论的案件中，这样的主张根本不能成立，因为葡萄牙人没有在这些地区驻有卫戍部队。葡萄牙人无以依据任何可能的方法声称他们发现了印度———一个数个世纪前就已闻名于世的国家。它早在奥古斯都大帝时代就已经名扬天下，下文贺拉斯（Horace）* 的引语告诉了我们这一点：

　　"最为有害的邪恶和贫穷，要避开，

　　穿过海洋、礁石和火海，你无畏地奔向

　　那最为遥远的印度。"⑤

----

　　①　《法典》Ⅲ，40，13[可能指费布斯·克劳丢斯·哥尔迪安·富尔詹提，本笃会的僧人，拉丁语之父之一]。

　　②　诺尼尤思·马西鲁斯《论演说的不同意义》，在"占有"（occupare）一词下；参见康南：《对民法Ⅳ，3 的注释》，多尼尔乌斯[多诺]，《市民法Ⅳ，10 的注释》。[弗兰索瓦·德·康南（1509—1551 年），法国法学家，阿尔西亚提的学生；修库斯·多尼尔乌斯（多诺）（1527—1591 年），著名的法理学家，曾写过多册关于《学说汇纂》和《法典》的注释]。

　　③　《法学阶梯》Ⅱ，1，13。

　　④　《学说汇纂》XLI，2，3。

　　*　Horace，贺拉斯（公元前 65—前 8 年），古罗马诗人，著有《讽刺诗集》、《颂歌集》、《抒情诗集》（Epodes）、《书札》（Epistles）等。——中文译者注

　　⑤　第一封信，1，44—45[弗兰克西斯译本，英国诗人 XIX，726]。

难道罗马人没有用最为精确的方法为我们描述了更广大的锡兰部分吗?①至于其他岛屿,不论是邻近的波斯人、阿拉伯人,还是甚至于欧洲人,特别是威尼斯人,早在葡萄牙人知道前就已知晓它们了。

但是,除此以外,发现本身并不赋予物以任何法律权利,除非在所说的发现之前,它们是无主物。②那么,这些东方的印度人,在葡萄牙人到达之前,虽然有些人是盲目的宗教崇拜者,有些是穆斯林教徒,因而沉湎于负罪感中,但是,这丝毫不影响他们对物品和占有物的完全所有权,无正当理由不能剥夺他们的这些权利。③西班牙作家维克多利亚④,追随其他最有权威的作家们,得出了一个理由确凿的结论:基督徒,无论他是俗人还是传教士,都不能仅因为别人是异教徒就剥夺他们的民事权利和主权,除非他们作了一些别的什么错误行为。

至于宗教信仰,如托马斯·阿奎那⑤正确指出的那样,它不废除主权源自的自然法或人法。无可置疑,认为异教徒不是他们自己财产的主人之说完全是歪理邪说;因此,对于基督徒们而言,由于宗教信仰缘故而剥夺异教徒们的占有物,与其盗窃和抢劫行为并无两样。

因此,维克多利亚以下所说⑥是正确的,西班牙人并不基于其宗教而对东印度人拥有更多的法律权利,正如同如果东印度

① 普林尼,《自然史》(又译《博物学》),Ⅵ,22。

② 《学说汇纂》XLI,1,3。

③ 科瓦鲁维耶思,在其"罪刑"一章中,§10,注2,4,5。

④ 《论民事权利能力》Ⅰ,9。

⑤ 《神学大全》Ⅱ.Ⅱ,q.10,a.12[托马斯·阿奎那(1227—1274年),最著名的经院学派学者和神学家之一,常被称作阿奎拉神学和安吉利库斯(Angelicus)博士]。

⑥ 《印度》(De Indis),Ⅰ,注4—7,19。

人碰巧是最先来到西班牙的外国人的话,他们也并不比西班牙人拥有的更多。东印度人既不笨也不是不善思考,恰恰相反,他们富有智慧而又精明,因此借口他们的性格而欲征服之,是完全站不住脚的。这种冠冕堂皇的借口是不公正的。普卢塔克(Plutarch)＊很久之前曾说过:如有人将野蛮人的文明进程当作侵略借口,那么他就是在美妙托词下掩盖其获取他人财产的贪欲。因此,如此强迫其他民族违背其意志进入一个较高状态的文明,早已是人所皆知的托词,是希腊人和亚历山大大帝①强词夺理的借口,许多神学家,特别是西班牙的神学家②,无不认为这是不公正和邪恶的。

14

＊　普卢塔克(46—120 年)希腊传记作家、伦理学家,著有《比较列传》等。——中文译者注

①　[参见普卢塔克:《论亚历山大大帝的财富或美德》,Ⅰ,5]。

②　瓦斯库兹:《论争议》或《论战争》(*Controversia illustres*,涉及战争法)的前言(注5)。

第三章　葡萄牙人无权以教皇馈赠的名义取得对东印度的主权

　　紧接着,如果葡萄牙人将教皇亚历山大六世①所划分的世界界限作为对东印度行使管辖权的权威理由,则在讨论所有其他事项之前,必须考虑以下两个问题。

　　第一,教皇只是希望解决葡萄牙人和西班牙人之间的争端吗?

　　很清楚,这一点在其权力范围内,因为他被选来在两者间作出仲裁,实际上此前两国的国王彼此间已就该事签订了特定的条约②。那么如果是这种情况,因为该问题只涉及葡萄牙人和西班牙人,故教皇决定当然地仅对两国有效,而不对世界其他各国有任何影响。

　　第二,教皇有意给予两个国家各拥有世界的三分之一吗?

　　但是即使教皇有意而且也有权赠送这样的礼物,仍不能使葡萄牙人成为那些地方的统治者。因为并非捐赠,而是随后的交付③以及对之占有才造就了统治者。

　　如果任何一个人不只是从自身的利益出发来审视神法或人

---

　　①　[《剑桥当代史》,Ⅰ,23—24,对这一历史上有名的 1493 年 5 月 14 日教皇诏书(罗马天主教)(1494 年 6 月 7 日通过《托德西利亚斯条约》对之进行了修正)有一段精彩的记载]。

　　②　[格劳秀斯引用了奥索里乌斯之语,但没提供参考文献]。

　　③　《法学阶梯》Ⅱ,1,40。

法,就会很容易领悟到以这种馈赠的财产权来处理与他人的关系,是无效的。我不想在此进行有关教皇权力的任何讨论,那是罗马教廷大主教的事情,我只想提出一个为许多最有学问的人所接受的假定命题;这些人,特别是西班牙人,都最为强调教皇的权力,他们很容易敏锐地洞察到我们的主——耶稣基督,当他说"我的王国不是这个世界"时他因此放弃了世俗世界的权力①;而且当他在这个世界上作为一个人存在时,他并不当然地对整个世界有统治权,即使他有这种统治权,无可争议的是这种权力也不能转让给圣·彼得,或通过"基督牧师"的权威而流传给罗马教廷。实际上,因为耶稣基督有许多令教皇不能继承的事情②,有人就大胆地断言——我使用的正是这些作者们的话——教皇既不是全世界政治方面的,也不是世俗方面的君主③。反之,若说他对这个世界确有权力的话,他使用该权力也是不正当的,因为他应满足于自己管辖的精神领域,他根本就不能将该权力授予世俗的君主们。所以,如果教皇有什么权力的话,诚如他们所言,他只拥有精神王国里的权力。④因此,他对异教徒国家没有任何权力,因为他们不隶属于教廷和基督教会。⑤

---

①　《路加福音》XII,14;《约翰福音》XVIII,36。维克多利亚,《印度》,I,注25。

②　维克多利亚,《印度》,XVI,注27。

③　瓦斯库兹,《论争议》,第21章;托克马达,II,第113章;雨果,论《格拉提安尼政令集》(*Dist.*) XCVI,C.VI;圣·彼德,《教皇尤金三世劝诫使徒书》,第2册;维克多利亚,《印度》,I,注27,科瓦鲁维耶思,其"罪刑"一章中,§9,注7。

④　《马太福音》XII,27;XX,26;《约翰福音》VI,15。

⑤　维克多利亚,《印度》,I,注28,30;科瓦鲁维耶思,《论哥林多书》,V,结尾处;托马斯·阿奎那,《神学大全》II.II,q.12,a.2;阿亚拉,《战争论》(*De Jure*),I,2,29[阿亚拉著作最好的版本在《国际法经典集》中,华盛顿卡内基研究机构,1912年第2卷]。

17　　　　可见,根据卡耶坦(Cajetan)、维克多利亚(Victoria)和更有
权威的神学家们和教会法制定者们的观点①,随之而来的结论
是,不论是基于就算教皇是东印度各省的统治者而作出的绝对
授予葡萄牙人的统治权,还是基于东印度人不承认其统治权这
一前提条件,都没有明确的理由或名义来反对东印度人已有的
权力。实际上而且事实是,可以肯定甚至在十字军掠夺撒拉逊
人*时,也从未以如此借口来行动。

---

　　① 托马斯·阿奎那,《神学大全》,II.II,q.66,a.8;希尔维尤思,《异教
徒》,§7;英诺森,《论〈教皇格里高利九世教令〉》,III,34,8;维克多利亚,《印
度》,I,注31[弗兰西斯库思·希尔维尤思,或杜·鲍尔思(1581—1649年),一
位比利时神学家]。
　　* 阿拉伯人,尤指与十字军相对抗的穆斯林。——中文译者注

第四章 葡萄牙人无权以战争的名义
将东印度主权归属于它

（如维克多利亚所言）[1]，既然驳斥了源自教皇馈赠权利的
任何主张，那么当西班牙人航行到那些遥远的岛屿时，并未带
去任何将它们占为其省份的权利，这一点是清楚的，那么只剩
下一种理由可以考虑了，就是基于战争的理由。但是，即使证
明这种理由是正当的，也不能用来建立主权，除非根据征服的
权利，就是说，占据必须是前提条件。可是，葡萄牙人远不可
能占据那些岛屿。他们甚至没有与荷兰人所到之处的人民进
行过战争。所以，葡萄牙人在那些地方不能形成任何法律权
利的主张，因为即使由于东印度人的过错而使他们遭受损失，
根据持久和平与友好商业的关系，人们也会合理地认为那些
加害可以原谅。

实际上，根本就不存在进行战争的任何借口。因为那些将
战争强加给野蛮民族的人，如同西班牙人对美洲土著人发动的
战争那样，通常以下列两个借口之一为由：要么他们的贸易权遭
到拒绝，要么就是野蛮人不愿意承认真正基督信仰的教义。但
是葡萄牙人实际上已从东印度人那里获取了贸易权[2]，至少就

---

① 维克多利亚，《印度》，Ⅰ，注31。
② 瓦斯库兹，《论争议》，第24章；维克多利亚，《印度》，Ⅱ，注10。

此而言,他们没有任何抱怨的理由。对于另一个托词,他们也没有比希腊人声称来反对野蛮人的更为合乎理性判断的理由,这一点波伊提乌(Boethius)*在以下诗句中给予了暗示:

"他们进行的非正义的和残忍的战争,

用到处穿梭的飞镖来迎接或对待死亡。

他们给不出任何正义和理由;

仅仅是因为他们的土地和法律不同。"①

而且,托马斯·阿奎那、托莱多**委员会、格里高利和最近所有的神学家、教会法学家及法理学家们的判定如下②:不论向异教徒们——红衣主教的前臣民或变节者是完全不同的另一个话题——宣扬的基督的教义是多么广泛深入和充分,如果他们不愿意注意这一点,那也不足以构成论证向异教徒发动战争或剥夺他们物品为公正的理由。③

在这一点上引用卡耶坦所说过的话是值得的④:"有些异教徒无论在法律上还是在事实上都不在红衣主教的世俗管辖权下;就如有些异教徒从来就不是罗马帝国的臣民,有些人居住的

---

　　* Boethius (475年?—525年?)罗马哲学家,东哥特国王西奥多里克(Theodoric)的执政官,后因被控叛乱罪而下狱。——中文译者注

　　① 《关于哲学的慰藉》,Ⅳ,4,7—10[H.R.詹姆斯译本,第194页]。

　　** Toledo,西班牙的都市,很长一段时间是西班牙的中心城市。——中文译者注

　　② 托马斯·阿奎那,《神学大全》,Ⅱ.Ⅱ,q.10,a.8;《格拉提安尼政令集》(Dist.)ⅩLⅤ,C.Ⅴ(《印度》),C.Ⅲ(Qui sincera);英诺森,参见注1,第17页;巴托鲁斯,《论〈法典〉》Ⅰ,11,1;科瓦鲁维耶思,其"罪刑"一章中,§9,10;阿亚纳,《战争论》(De Jure),Ⅰ,2,28。

　　③ 《马太福音》Ⅹ,23。

　　④ 托马斯·阿奎那,《神学大全》,Ⅱ.Ⅱ,q.4,66,a.8[托马斯·卡耶坦(1469—1534年),意大利主教,写过大量的有关托马斯·阿奎那、亚里士多德和圣经的评述]。

地方,人们从未听说过基督。他们的统治者,尽管是异教徒,仍
为合法的统治者,不论人民是生活在君主制还是民主制下。对
那些异教徒,你不能因为他们不信仰基督而剥夺他们对占有物
享有的主权;如上所述,主权是实证法的事,而不信仰则是神法
的事,神法不能取消实证法。事实上我知道不存在任何法律反
对异教徒们的世俗所有。任何国王、皇帝,甚至罗马教廷都不可
出于占有其土地或使其屈从于世俗的支配目的,而对他们宣战。
因为不存在战争的正当理由,既然上天与凡间的权力都给予了
王中之王——耶稣基督,故他派来统治世界的,不是荷枪实弹的
士兵,而是圣洁的门徒,'恰似狼群中的绵羊'。"在旧约中我也没
有发现,当占有必须通过武力获取的时候,以色列人会以任何异
教徒土地上的居民不信仰他们的宗教为由而对其发动战争;但
是异教徒们拒绝他们的无害通过权或因异教徒们的攻击,如米
甸人(Midianites*)所做的那样,则是引发战争的原因;或者是
为了重新获得根据神赐给他们的财产而进行战争。为此,如果
我们试图通过这种手段扩大基督教的影响,那我们将是最卑鄙
的罪人。我们将不是他们合法的统治者,与之相反,我们可能在
进行大规模抢劫,我们将作为非正义的征服者和入侵者,被迫归
还他们的东西或向他们作出赔偿。必须派出合适虔诚的人作为
传教士,通过其传教和以身作则,将异教徒变成上帝的信徒;不
是派出压迫者和掠夺者,去征服并改变他们宗教信仰,采用法利
赛人(Pharisee)**的方式,"将他们变成比自己现在还要更加幼
稚的人"①。

────────

＊　Midianites,基督教《圣经》中所记载的一个阿拉伯游牧部落的成
员。——中文译者注

＊＊　古代犹太法利赛教派的教徒(该派标榜墨守传统礼仪,《圣经》中称他们
为言行不一的伪善者),英文名 Pharisee。——中文译者注

①　《马太福音》XⅢ,15。

20

　　实际上我还经常听说西班牙委员会和牧师们宣布：对美洲人（阿芝台克人和印第安人）尤其是多米尼加人，应当仅仅通过传教道义而不是通过战争改变他们来信奉基督；甚至以宗教的名义而剥夺他们的自由，也应当归还给他们。据说该政策得到了教皇保罗三世，查理大帝五世和西班牙国王的同意。

　　我忽略了这样一个事实，葡萄牙人在绝大多数地方并未进一步扩大教义的影响，或是实际上根本对其未给予任何注意，因为他们只注意到获取财富或活着仅是为了获得财富。不过，对他们而言真实的情况是：他们在东印度所做的事情，就同一位西班牙人曾描述过的西班牙人在美洲大陆上做过的那些事情一样，即，一方面，从未听说过诸如有关可能改变其他人信仰的奇迹、奇事或虔诚的宗教生活的榜样等事例，另一方面，倒是常听说无休止的丑闻、罄竹难书的罪行和种种见不得人的勾当。

　　综上，既然缺少占有及占有之名义，既然东印度的财产和主权不应被视作似乎他们以前处于无主物状态，既然这些属于东印度人，其他人所谓取得就谈不上合法了；那么，系争的东印度诸国并不是葡萄牙人的囊中之物，他们是自由的和享有自主权的。甚至连西班牙法学家们自己也不否认这一点。①

---

　　①　维克多利亚，《印度》，Ⅱ，1。

第五章 葡萄牙人无权以"先占" 为由将印度洋及其 航海权归为己有

因此,如果葡萄牙人对东印度诸国及其领土和主权未曾获得任何法律权利,那么我们来看看他们能否对海洋及其海上航行或贸易享有独占管辖权。首先来看海洋的情况。

如今就国际法的术语而言,客观地说,海洋是无归属的财产,或者说共有物、公产。如果我们按照赫西奥德(Hesiod)* 以来所有诗人和以往哲学家及法学家的做法,就很容易解释这些术语的意义,并区分特定的时代,将其划分成的不同部分,也许不必按时间段划分过细而影响其明显的逻辑和本质特征。如果我们以源于自然的法律解释,运用那些被公认为最受尊敬者所作自然判断的权威学说和定义,那么我们就不至于遭到批评。

为此,有必要解释人类之初的主权与共有之涵义,及它们不同于当今时代之处。① 因为如今,主权意味着特定的所有权,实际上是绝对排除了任何他人的相同占有。另一方面,当某物的所有权或占有由数人依某一排除所有他人的合伙关系或相互协

---

* Hesiod,赫西奥德,公元前 8 世纪,希腊诗人。——中文译者注
① 保罗·德·卡斯特罗,《论〈学说汇纂〉》Ⅰ,1,5;《格拉提安尼政令集》(*Dist.*)Ⅰ,C.Ⅶ。

议而被共有时,则称之为"共有"物。语言的贫乏迫使人们以同
一用词表述不同事物。而且,由于某种类似性或相同性,我们的
现代术语体系也被运用于原始法的状况。如今,人们说起古代,
"共同"只是"个别"的反义词;"主权"或"所有权"意指合法使用
共有财产的特权。经院哲学家们①认为,这似乎是用于事实而
非法律,因为如今法律上所谓使用,是一种个别的权利,或许我
以他们的用语表示,这就是对他人而言的私权。

在依始初之万民法(往往称之为自然法)生活的时代,诗
人们眼中的黄金时代*,据说始于农耕之神萨杜恩或正义之神
统治之时,并无任何个别的权利。正如西塞罗所言:"根据自然,
没有任何东西是私有财产。"贺拉斯说:"自然已宣称她为私地之
主,而不是你、我、他,或任何他人。"②因为自然眼中无主权,所
以就此意义,我们说在远古时代,所有的东西均为共同拥有;
意思指当诗人言之古代人们共同获取每一样东西,而由正义
之神通过不可违背之公约来维持一个共同体的所有物时,情
况就是如此。为使这一点更清楚,他们还说在远古时代,田地
不以边界线来划定,而且,当时也没有商业往来或交换。如阿
维耶努斯(Avienus)所言,"田野之生长万物,似乎无不为众人
共有。"③

由于变化了的词义使然,"似乎"一词是恰当地增加上去的,
如同上文我们已注意到的。

---

① 　瓦斯库兹,《论争议》,第 1 章,注 10;《教令集》第 6 卷,《教皇波尼菲斯
八世教令集》(*Lib.* Ⅵ),Ⅴ 12,3,《教皇克雷芒五世判例集》(*Clem.* Ⅴ),11。

* 　[希腊、罗马神话]黄金时代:指国家富强,社会文明发达,人民安居乐业
的时代。——中文译者注

② 　《讽刺》Ⅱ,2,129—130。

③ 　阿拉图斯,第 302—303 页。

但是那种共同占有与使用有关,我们从塞尼卡的引语中可 24
以洞见这一点:

"每条小径都是自由的,
所有的东西都共同使用。"①

根据他的推理,存在着一种主权,但它是普遍的和不受任何
限制的。因为上帝不是把所有的东西给予这个人或那个人,而
是给予了整个人类;因此许多人,如同一个整体,可以实质上成
为同一物品的主人或所有人,这一点与我们现代的主权涵义是
十分矛盾的。因为如今主权是指个别的或私有的所有权,这是
先前没有哪一个人所拥有之物。阿维耶努斯非常确切地说过:
"万物归占有者所有。"②

看来可以肯定的是,在自然指引之下,由古到今的所有权过
渡,是渐进而非剧烈的。因为有些东西,经使用而消耗,或变为
使用者本身不可缺少的一部分而永远不可能再次使用,或随着
使用而变得越来越不适合未来的使用,显见,某些所有权与使用
密不可分,特别是对前一类而言,譬如,食物和饮料一类东西。③
因为"拥有"隐指某物属于某一个人,所以它不能再属于其他任
何人。以此推理,接着就延伸到第二类物品,诸如衣服、动产和
其他生活用品。

一旦出现上述情况,哪怕是土地之类不动产也不可能不被分 25
配了。尽管这类物的使用不只是耗用,但还是与后来的消耗休戚
相关,如耕地及植物被用于获取食物,牧场被用于获得衣服。然
而,这还不是确定的、足以满足每个人的个性需求之财产。

---

① 奥克塔维亚,第413—414页[F.T.哈里斯译(第二场第一幕)]。
② 阿拉图斯,第302页。
③ 《学说汇纂》Ⅶ,5;《教令集》外教令,教皇约翰二十二世教令集 XXD》,
ⅩⅣ,3和5;托马斯·阿奎那,《神学大全》,Ⅱ.11,q.78。

当人们创设了财产或所有权时,就模仿自然而制定了财产法。由于那种财产权意义上的使用开始与我们的身体需要相关,因此我们所说的财产起源于此,通过类似的联系,物品注定成为个人财产。这就叫做"先占",一个非常适合于那些以前曾经为公有物的词汇。这正是塞尼卡在其悲剧《提厄斯忒斯*》中所间接提到的那个词:

"罪行是我们之间某个人的夺取。"①

他在一篇哲学著作中写道:"骑士们的全部座位属于所有骑士;而我占有的座位则属于我自己拥有的私地。"②昆体良**评论说,为所有人创造的东西是某一努力之回报③,西塞罗说:早已长期占有之物成了最初发现其未被先占者之财产。④

然而该先占或占有,就那些抵制被获取之物而言,譬如野生动物等,必须是未曾中断地或永久地维持占有,但是,对其他情况而言,一旦在物理上占有并持占有意图就足够了。动产之占有意味着获取,不动产之占有或指房屋的建造,或指某些界线的确定,如设置栅栏等。因此,赫尔莫吉尼安***在说到单独的所有权时补充说:设置的界线用于田地及建筑物。⑤所以诗人维吉

---

* Thyestesn,[希腊神]珀罗普斯(Pelops)之子,英文名。——中文译者注

① 203—204[E.I.哈里斯译(第二场第一幕)]。

② 《特权论》Ⅶ,12,3。

** Quintilian(35 年?— 年?)古罗马修辞学家,代表作为《雄辩术原理》。——中文译者注

③ 演讲ⅩⅢ,代表穷人。

④ 《官职论》Ⅰ。

*** Hermogenianus,他匿名编辑了一个非官方的法律汇编;该汇编可能发表于 295 年,被称为《赫尔莫吉尼安法典》,旨在补充《格里高利法典》。它只分为篇,并在以后文献中得以保留。——中文译者注

⑤ 《学说汇纂》Ⅰ,1,5。

尔和奥维德将这种物的状态描述为：

"然后在那里发现，辛勤劳作捕获兽类，用粘鸟胶捕捉鸟儿。"①

然后最先的一批人建立了家庭。

"接着地界限制了他的每项权利，

因为所有的一切在以前像阳光一般为众人共有。"②

在另一处，赫尔莫吉安指出，奥维德出于以下缘故，讴歌了商业活动：

"胜利之船在未名海上航行。"③

然而，国家同时也开始建立，并且，从早期共同所有权中艰难获取的东西被分为两类。有些东西曾是公共的，也就是归人民所有的财产（这一表示的真正涵义），而另一些东西则为私有，就是个人财产。然而，公共的和私有的所有权，都以同样方式产生。对此，赛尼卡说："我们一般地谈及雅典人和坎帕尼亚人（Campanians）的土地。它与再次根据私界划分所有者的土地是一样的。"④在另一处，塞尼卡还提到，"因为每个国家将其领土分成单独的王国，并建造新的城市。"⑤所以西塞罗说，"根据这个原则，亚尔平乌姆（Arpinum）的土地据说属于亚尔平内特人（Arpinates），托斯库兰（Tusculan）的土地属于托斯库兰人（Tusculans）；同样，私人财产也是如此分配。所以，在每种情

27

---

① 维吉尔，《农事诗集》Ⅰ，135—136［德莱尔顿译本，Ⅰ，211］；奥维德，《变形记》。

② 奥维德，《变形记》Ⅰ，135—136［德莱尔顿译本，Ⅰ，（英语诗歌集 ⅩⅩ，432）］。

③ 奥维德，《变形记》Ⅰ，134。

④ 《特权论》Ⅶ，4，3。

⑤ 屋大维娅，第 431—432 页［格劳秀斯在此根据上下文稍作了改动］。

况下,一部分根据自然曾为公共财产的物品变成了个人的财产,每个人应当持有归属于他的那一份。"①另一方面,修昔底德(Thucydides)②将那些没有被划分但还未变成任何国家部分的陆地,称为不能根据界线来确定和决定的陆地。③

因此,从目前我们所论述内容看,可得出两个结论。第一,那些不能被占有,或从未被占有的东西,不能变为任何人的财产,因为所有的财产源自占有。第二,那些由自然构成、虽为某个人服务但仍足以为其他所有的人共用的东西,不论是今天还是将来,均应永久地保持它由自然初创时的状态。这就是西塞罗以下所言之含义:"那么这就是一个相当广泛的结合物,把人作为人、并彼此都联合在一起了;在其下,自然为人类共同使用权创设的所有东西的共同使用权将继续维持下去。"④所有那些能够在使用时不会导致其他任何人损失的物品归为此类。因此,西塞罗说,于是有了众所周知的禁语:"任何人对流经之河水拥有权利。"⑤因为流经之河水不是小溪,被法学家们归为人类共有物;奥维德也是这样说的:"你为什么否定我对水流拥有的权利?所有人都可自由使用之。自然没有把太阳,也没有把空气或流水作为私有财产;它们是自然赠给公共的礼物。"⑥

他说,根据自然,这些物品不是私人占有物,而是如乌尔比安所称,根据自然它们是所有人均可使用的财物,首先因为它们

---

① 《官职论》1,21[沃尔特·米勒(Loeb)译本,第23页]。
② 《历史》Ⅰ,139,2。
③ 杜阿伦[法国人文主义者(1509—1569年)],《论〈学说汇纂〉》Ⅰ,8。
④ 《官职论》Ⅰ,51[沃尔特·米勒(Loeb)译本,第55页]。
⑤ 《官职论》Ⅰ,52。
⑥ 《变形记》Ⅵ,349—351。

是自然所创设,①如纳瑞迪尔斯*所说,它们从未归属任何人主权之下;②其次因为如西塞罗所言,它们似乎是由自然为共同使用而创造出来的。但是诗人们在通常意义上使用"公共"一词,不是指那些属于任何一个民族的物品,而是指属于作为一个整体的人类社会的东西;即是说,称作"公共"物品的东西,根据万民法的法律原则,这是所有人的共同财产,而不是任何人的私有财产。

　　空气因为两个原因属于这一类物品。第一,它不可以被占有;第二,其共同使用是注定为所有人的。基于同样理由,海洋为所有人共有,因为它是那样的无边无际,以至于它不可能变为任何人的占有物,因为无论我们是从航行还是从渔业的角度来考虑,它都适应于为所有人共同使用。因此,适用于海洋的同样权利也适用于海洋中其他根据用途分离出来、并变为自身部分的东西,如海洋的沙滩,其毗邻陆地的被称为海岸或海滨部分。③所以,西塞罗恰当地论道:"那些被投于海洋之物与海洋一样为共有,那些扔于海岸上的东西与海岸一样也为共有的。"④维吉尔也说,空气、海洋和海岸对所有人开放。

　　因此,这些东西就是罗马人根据自然法称为所有人"共有"物,⑤或者如我们根据万民法所言的"公共"物;实际上,他们有

29

---

　　①　《学说汇纂》Ⅷ,4,13。

　　*　Neratius,又译尼拉休斯,生活于公元1世纪前后;他既是罗马重要的法学家,又是图拉真和哈德良时代的执政官和委员会委员,著有《规则》(Ragulae)、《信札》、《羊皮纸记录》(Membranae)和讲演录《论婚姻》(Re Nuptiis)。——中文译者注

　　②　《学说汇纂》XLI,1,14;康迈恩斯,《上诉请求书》Ⅲ,2;多尼尔乌斯Ⅳ,2,《学说汇纂》XLI 3,49。〔菲利普·德·康迈恩斯(1145—1509年),法国历史学家,《森里斯条约》(1493年)的谈判者之一。〕

　　③　《学说汇纂》Ⅰ,8,10。

　　④　普罗·塞克斯·罗思科·阿梅朗诺,26,72。

　　⑤　《法学阶梯》Ⅱ,1,1和5;《学说汇纂》Ⅰ,8,1,2,10,XLI,1,14和50,XLⅧ,10,13;XLⅢ,8,3和4—7。

时称其使用为"共同",有时称之为"公共"。然而,尽管这些物有理由说是无主物,但只要涉及私有权,它们与那些虽也称为无主物却未被划分为共同使用的东西,如野生动物、鱼和鸟等,仍有相当大的区别。因为任何人抓住这些东西并占为己有,它们就可成为私有权的客体,但是,前一类的东西,根据人类的众所一致意见,其易于普遍使用的特性使之永远不能变成如此私有;因为它们属于所有人,所以就好比你不能把我的东西从我手中拿走一样,任何人不能把它们从所有人手中拿走。西塞罗说,正义之主赐予的第一批礼物之一就是为了共同利益而使用的共有财产。经院哲学家们会把这类的一种界定为积极意义上的共有,另一类就为私人意义上的。这种区分不仅为法学家们所熟悉,也表达出一般公众的信念。例如,在雅典娜神殿中,众人心目中的主人说:海洋为众人之共产,但是鱼却是捕获之人之私产。在普劳图斯 * 的鲁顿斯(Plautus' Rudens)中,当奴隶说:"海洋无疑为众人所共有"①,渔夫同意了他的说法;但是,当奴隶补充说"那么在共有的海洋中发现的东西是共产"时,他马上反驳:"但是我用自己渔网和鱼钩所获得的东西绝对是我自己的。"

30　　　　所以,海洋无论如何是不能成为任何人的私有财产,因为自然不仅允许而且强使人们共同使用。②同样,海岸也不能成为任何人的私有财产。然而必须具有以下限制性条件。如果这些物品的任何部分根据自然是可以被占有的;如果有人占有了它,仅仅只要他的这种占有不影响共同使用的话,它就可以成为该人的财产。这一限制应理所当然地得到承认。因为在这种情况

---

* Plautus(年?—前 184 年),古罗马的喜剧作家。——中文译者注
① 第四场第三幕(975, 977, 985)。
② 多尼尔乌斯Ⅳ, 2。

下,如前所说,也许共有财产转变为私人所有权的两个限制性条件就不复存在了。

　　因此,引用彭波尼(Pomponius)的话说,既然建筑是一种先占,如果不对他人的使用带来不便的话,那么就应当允许在海岸上建造东西;①也就是说(这里我同意斯加维拉*的观点),如果该建筑不对海岸的公共或共同使用带来不便或构成障碍的话。在上述环境下,无论是谁建造了房屋或其他建筑,他就成为该建筑物之上的地面之所有者;因为该地面既不是任何他人的财产,也无共同使用的必要。因此它成为了占有者的财产,但其所有权的持续不超过其占有持续的时间,因为根据自然,海洋似乎是抵制所有权的。好比一头野生动物,如果它逃脱了占有并因此恢复了其自然的自由,它就不再是捕获者的财产了,海洋也可能以自然之手恢复海岸的原貌。

　　我们现在来论述通过先占能成为私有财产的任何东西也能成为公共财产,即整个国家的私有财产。②所以,杰尔苏(Celsus)认为,包括罗马帝国界线内的所有海岸是罗马人民的财产。因此根本就没有理由感到惊奇,罗马人民通过他们的皇帝或执政官能授予其管辖下的臣民占有海岸的权利。然而如同私人先占,这种公共先占应遵从该限制:它不应当侵犯国际的权利。因此罗马人民不能禁止任何人通向海岸的权利,③不能禁止任何人在海岸上铺晒渔网的权利和其他任何很久之前就决定的所有人都一直被允许进行的事情。

　　然而,海洋的自然特性不同于海岸,因为海洋除了很有限的

31

---

　　①　《学说汇纂》ⅩⅩⅩⅨ.2,24;其他参考同注4,第27页。

　　*　Scaevola(公元前2世纪前后),杰出的罗马法学家。——中文译者注

　　②　多尼尔乌斯Ⅳ,2与9;也请参阅注2,第27页。

　　③　《学说汇纂》Ⅰ,8,4;ⅩLⅢ,8,3。

空间,既不能轻而易举地在海上建造东西,也不能将海洋围圈;不过,果真那样的话,那么对一般使用不构成障碍几乎是不可能的。然而,如果海洋的任何一小部分因此能被先占,该先占是被承认的。贺拉斯(Horace)著名的夸张说法在此必须引用,"鱼儿穿倏于放在深水里的成堆礁石,会注意水流渐趋狭窄。"①

然而,杰尔苏主张倾泻到海洋里的东西属于倾倒者。②但是,若由此对海洋的使用构成妨碍,该行为是不允许的。乌尔比安说,任何人建造的防浪堤均应受到保护,如果它对任何人的利益不构成损害;因为如果该建筑对任何人可能造成伤害,则禁令"任何东西不可以建造在公共财产上"可适用于此。然而,拉贝奥(Labeo)主张,如果有类似建筑要建造在海上,则以下禁令应当执行:"如港口、锚地或通道等处对航行会减低安全系数,则不应在海洋的这些地方建造任何东西。"③

32　　　同样,适用于航行的该原则也适用于捕鱼,换言之,捕鱼对所有的人也是自由的、开放的。然而,对以下情况不应有任何偏见或歧视,如有人通过树桩围成了海上的一个小水湾,使之变为其捕鱼的小池塘,因此就建成了一个私人的保留领域。卢库勒斯 * 为此曾将海水通过开凿的一个穿过那布勒斯附近的一座山的水渠引至其别墅。④我也怀疑瓦罗**和哥伦梅拉(Columella)

---

① 《颂歌集》Ⅲ,Ⅰ,33—34[本耐特(Loeb)译本,第171页]。

② 《学说汇纂》ⅩLⅢ,8,3;8,2。

③ 《学说汇纂》ⅩLⅢ,12,1。

*　Lucullus,古罗马将军兼执政官,以巨富和举办豪华大宴著名。——中文译者注

④ 普林尼,《自然历史》或《博物学》,Ⅸ,54,170。

**　Varro(公元前116—前27年),罗马学者,以博学闻名于当时,著有《论农业》。——中文译者注

提到的用于捕鱼的海水水库也属此类。当马提雅尔*说到阿波里纳里斯(Apollinaris)的福米亚恩(Formian)别墅时,他心中也在想着同样的事情:"无论什么时候当海神(涅柔斯,Nereus)感到风神(埃俄罗斯,Aeolus)的力量时,其资源里的石板保险箱会对大风有一阵大笑。"①安布罗斯**针对同一主题也说过一些类似的话:"你把特定海洋带入你的财产里,以致你可能不再缺少鱼。"②根据所有这些,当保罗说道,"如有人对海洋享有私有权利,则适用使用、占有的规则"③时,其意思十分清楚。然而,这一规则只适用于私人诉求,而不适用于公共诉求,这些公共诉求包括根据共同国际法提出的请求。但是,这里的问题涉及源自私人诉求的使用权,而非源自公共或共同诉讼请求的使用权。根据马尔西安的权威看法,那些曾被占有和可能被占有的④东西不再像海洋那样依从国际法。让我们举个例子。如有人阻止了卢库勒斯或阿波里纳里斯在他们通过圈出海洋的一小部分作为其私有的鱼塘里进行捕鱼的话,根据保罗的观点,他们将有权提出一个禁令,而不仅仅是提出基于私人所有权的损害赔偿诉讼。⑤

　　实际上,假如我在海洋的一个小水湾里圈出一水域,如同在一条河的支流圈出一水域,并在那儿捕鱼,特别是如果这样持续多年,我应当确立了私有权的意向证明,那么我当然地有权阻止

---

　　* 　Martial(40年?—104年?),古罗马讽刺诗人,警句作家。——中文译者注

　　①　《格言警句》Ⅹ,30,19—20。

　　** 　Ambrose(340年?—397年),米兰主教,古罗马教会的四大博士之一,其纪念日为12月7日——。中文译者注

　　②　De.Nabuthe,cap.3.

　　③　《学说汇纂》ⅩLⅦ,10,14。

　　④　参见普林尼,《自然历史》或《博物学》,第31页。

　　⑤　《学说汇纂》ⅩLⅣ,3,7。

任何其他人来享有同样的权利。从马尔西安(Marcianus)那儿，我可得出结论:该情况与在湖泊中圈出一水域产生私有权的情况完全相同,正如上文所说有关海岸的情况,无论占有持续多长,都是对的。但是,在小水湾之外,情况不会如此,因为那样的话,海洋的共同使用将受到妨碍。①

所以,如果有人在我的城镇房屋前或乡下的住处前捕鱼受阻,那就是侵占,且为非法侵占,尽管乌尔比安已对这种侵占做出了说明,并确实地说:如果有人受到这样的阻止,他能够提起损害赔偿之诉。②我们没有采用与法律意图相悖的利奥皇帝法律,因为利奥皇帝改变了这一点,并宣称海洋的入口处,或如同房屋的连廊部分,是居住在海岸的那些人的私有财产。他们有权在那里捕鱼。③然而附加了一条件,该地方应造有特定的栈桥或一群建筑物,如希腊人所要求的,毫无疑义地认为,没有任何一个自己被允许在海洋里的任何一个地方捕鱼的人,会不愿让其他任何人在海洋的一小部分的区域内捕鱼。可以确信,任何人对剥夺对大片海域的公共使用,即使他能做到,也会引起无法容忍的愤怒;这是受到圣人 * ④公正斥责的行为,圣人说:"地球上的君主们通过权利转让主张他们自己对广阔的海洋享有权利,他们把捕鱼权看作一种地役权,他们在其上的权利就如同他们对其奴隶所享有的权利一样。有人说,这个海湾属于我,那个海湾属于另一人。他们相互之间划分海洋的每一个组成部分,

34

---

① 《学说汇纂》XLI,3,45。

② 《学说汇纂》XLVII,10,13。

③ 《利奥新法》,102,103,104;也可参见库加斯XIV,1。

* 即《圣经》中的耶稣基督。——中文译者注

④ 《(圣经)创世纪》V,10,27[意指圣·安布罗斯(333—397年),米兰大主教]。

这些了不起的人们啊!"

因此,海洋是不属于商品一类东西中的一种,①它不能成为私有财产。因此,严格说来,以下所述,顺理成章,海洋的任何部分不能被认为是任何一国的领土。当普拉塞蒂努斯*说"海洋无可争议地是所有人共有之物,它不能成为除了上帝之外的任何人的财产"这句话时,他似乎认识到了这一点。约翰尼斯·费伯**②也确认海洋已被留作自有权利,它维持了其所有物均为共有的原始状态。如不这样,那么在为"所有人共有的物品"和那些严格标为"公共"的物品间就没有区别了;也就是,在海洋和河流间也无区别了。一国能够占有一条河流,因为它被包含在其国界线内,对于海洋,它则不能够占有。

现在,公共领土源自国家的先占,如同私有财产源自个人先占一样。杰尔苏认识到这一点,他在海洋的海岸——罗马人可通过不损害其共同使用的方式占有——和海洋自身——维持其初始特征——之间发现了一个明显的区别。③实际上没有任何法律明白地表明一个相反的观点。④那些被持相反意见的作者

---

① 多尼尔乌斯Ⅳ,6。

* Placentinus(年?—1192年),杰出的法律注释学家,创建了蒙彼利埃法学院。——中文译者注

** Johannes Faber(年?—1340年),法国法学家、教授、庄园法官,习惯法材料的收集者和权威作家;著有《查帝法典概要》、《法学阶梯述评》等。——中文译者注

② 《法学阶梯》Ⅱ,1;《学说汇纂》ⅩⅣ,2,9;[约翰斯·费伯(1570—1640年),是维也纳的大主教,也是费尔迪南皇帝的宫廷牧师。他以"强硬的异端邪说者"(Malleus Haereticorum)而广为人知]。

③ 《学说汇纂》ⅩLⅢ,8,3。

④ 《学说汇纂》Ⅴ,1,9;ⅩⅩⅩⅨ,4,15;对《学说汇纂》Ⅰ,8,2进行注释的注释法学家,《法学阶梯》Ⅱ,1;鲍尔杜斯在《学说汇纂》Ⅰ,8,2中论 L. Quaedam。

35 引用的法律要么适用于明显地可以被先占的岛屿，要么适用于那些不是"共有"，但是"公共"，亦即"国家"的港口。

那些说特定海洋属于罗马人民的人解释他们的话，意指罗马人的权利限定在保护和管辖权方面；他们区分这种权利与所有权。可能他们没有充分注意到这样一个事实，尽管罗马人民能够拥有军舰来保护航行，并惩罚在海上抓到的海盗，但这不是通过行使私有权利而是通过其他自由人民也可以在海上享有的共有权利之行使来完成的。然而，我们认识到有些民族同意将在海上这部分或那部分捕获的海盗应当置于这个或那个国家的管辖权之下，而且不同管辖权的特定便利之限制已在海上划定。不过，这个协议对其签约方才有约束力，[①]对其他国家没有效力，它也没有把划分的海洋部分变为任何人的私有财产。它仅仅在签约方之间构成个人的权利。

这种与自然理性相吻合的区分也为乌尔比安曾做过的一个回答所印证。当有人问，当拥有两处海洋财产的人出卖其一时，能否强加诸如在海洋的特定区域禁止捕鱼此类地役权，他答道：正在讨论的东西，显然指海洋，不能适用地役权，因为根据自然，海洋向所有人开放；但是，既然一个根据诚信原则订立的合同要求该买卖的条件必须得到尊重，当前的占有者和继承其权利的

36 人一定要遵守那个条件。确实，法学家正在谈论私有财产和私有法律，但是，在这里谈到各民族的领土和公共法律方面，适用同样的推理，因为从整个人类的观点来看，各民族人们被作为个体来看待。

同样，对海洋渔业所征的税属于国王，由国王持有，但它们

---

① 鲍尔杜斯，开始章节的第二栏目；《法典》XI，13，1；安吉利，《论〈学说汇纂〉》XLVII，10，11；《学说汇纂》VIII，4，13 和 4。

不能约束海洋自身或渔业，仅能约束从事捕鱼的人。①因此臣民们在国家或统治者根据普遍的同意被许可制定的法律下，也许将被迫承担这样的费用，但是至于其他人，在各处的捕鱼权应当免除各种通行税，以免将地役权强加给不允许有任何地役权的海洋。

海洋的情况不同于河流的情况，②因为河流是国家的财产，国家或统治者能够转让或出租在河里捕鱼的权利，通过这样的方式（古时候也是这样），承租人根据"有权出租的人已将享受的绝对权利租出去了"这一条款，享有禁令他人行使"原先为公众分享的使用权"（de loco publico fruendo）的权利。③涉及海洋方面，这样的情况不会出现。最后，在王国的财产里考虑捕鱼权的人没有足够仔细地检查他们所引用证明其意图的那一段论点，正如伊塞尼亚④和艾尔瓦图斯⑤已注意到的。

因此，以下一点已被充分地证明，不论是国家还是个人，都不能在海洋自身上建立任何私有权（我把海洋的水湾排除在外），因为不论是根据自然还是基于公共使用，其占有都是不允许的。⑥出于这个原因，该事情的讨论，即葡萄牙人没有在人们通往东印度的海域上建立私人所有权，已经开始进行了。因为较之其他所有案件，本案中两个阻止所有权成立的理由无疑具有更强大的说服力。在其他案件中似乎困难的理由，在此根本

37

---

①　*C.Quae sint Regalia*，*in Feudis*《论争执》。

②　鲍尔布斯，《诉讼请求导语》，Ⅳ，b；1，Q.6，N.4。

③　《学说汇纂》ⅩLⅧ，10，13；ⅩLⅢ，9，1。

④　［安德里·德·伊塞尼亚（1480—1553年），意大利法学注释学家，常被称作福特斯塔尔大主教］。

⑤　［可能印误了，应为"Alvarus(Alvarez)"，艾尔瓦鲁斯］。

⑥　*C.Quae sint Regalia*，*in Feudis*《论争执》。

不存在;在其他案件中被认为只是不公正的东西,在此简直就是极其野蛮和不人道的。

接着讨论的问题,不是被陆地环抱且在有些地方宽度甚至不及河流的内海,尽管众所周知,罗马法学家在其著名观点中引用这类内海来谴责私人贪婪。不!在此讨论的是外海,是大洋,是在古代就被描述成浩瀚无边、水天相连、万物之母的辽阔海域;是古人坚信不仅源源不绝于喷泉、河流、海洋,而且源于天上的云朵、繁星的大洋;是虽环绕于地球,为人类之家,潮起潮落,生生不息,但又不能被占领和包围的大洋;不,与其说它为陆地所有,还不如说它拥有陆地。

进而言之,所争论的问题与该海洋中的海湾或海峡无关,甚至与海岸上可见其宽度的那部分海域也无关。[但是,请考虑这一点!!]葡萄牙人声称,在海洋所有延伸部分中,他们拥有的那片海域将整个世界分隔为极其遥远,且自古以来相互无来往的两部分。实际上,如果我们考虑西班牙人的份额,其主张与葡萄牙人如出一辙,就会发现比整个环抱地球的海洋稍小一点点的区域全归这两个国家了,而世界上所有其他的人民统统被限制在北部海洋的狭窄区域内。当自然在各国人民间广布海洋时,它相信海洋将会满足所有人充分利用的要求,而将海洋归为己有,那是对自然的极大欺骗。如有人在海洋这般无与伦比的巨大物品普遍利用中,以主权名义将之保留给自己,他会被视为一个非理性的权力追求者。如某人意图禁止别人在海上捕鱼,他肯定难逃贪婪成性的指责。那么,阻止他人航行,而这种航行对阻止者又毫无损害,我们又该如何加以评价呢?

如有人阻止任何他人从他的火中获取火或者火把中获取光,那么我将谴责他触犯了人类社会的法律,因为那是真正自然的本质,正如同恩纽斯(Ennius)所言:

"当他的朋友点燃火把时,他将享受同样的光明。"①

那么,当这样不会给其利益带来任何损害时,为什么某人不能与他人分享对受用者有益而对给予者没有任何损失的财产呢?②这些财产就是古代哲学家们③认为不仅可以提供给外国人甚至也可提供给那些忘恩负义之徒的公共设施等。当系争事项为共同占有时,而私人占有被小心呵护时发生的同样行为,只能是冷酷无情。因为你不顾自然的命令和共同同意,居然将你我拥有同样权益之物绝对地占为己有,以致剥夺我任何相关使用权,而我获得这样的权利并不会对你的权益有丝毫影响,这种行为实在是无法容忍。

然而,甚至那些将负担推向外国人,或占用众人共有之财产的人在一定程度上也不得不依赖实际的占有。因为始初的先占创造了私有财产,所以置留某物就会引起所有权的现象,尽管这是不公正的。但是,如我们在陆地常做的那样,葡萄牙人通过在海洋上置放各种财产,以致他有权排除他人在海洋上的类似行为,从而完全占有海洋吗?压根没有!恰恰相反,他们还远远没有达到这一步,因此当他们在从事不利于其他国家的划分世界时,甚至无论通过自然展示的界线,还是靠人为界线,他们对其行为都不能自圆其说,而不得不求助于假想的分界线。实际上,如果那是得到认可的方法,且如此划界足以使占有有效,则我们的几何学家很久以前就早已占有整个地球地表,天文学家们则占有了整个天空。

但是,本案所涉实体占有或物理占用在何处呢,而没有这种

---

① [引自西塞罗的《官职论》,1,51;此处取自沃尔特·米勒(Loeb)的译本,第 56 页]。

② 西塞罗,《官职论》,I,51。

③ 塞尼卡,《特权论》,IV,28。

占有,所有权又从何谈起? 没有什么显得比那些满腹经纶的法学家们阐明的观点更为真实了,也就是说,既然正如空气一样,海洋不允许被物理占用,它也就不能归属任何一个国家。[1]

但是,如葡萄牙人仅因为比别人先在海上航行并开辟了本来就如此的航线,就声称先占了海洋,那世界上还有什么比这更为荒谬吗? 因为,迄今为止,海洋上还没有哪一部分没有人在上面航行过,依此则必然得出"每条航线均由特定的人占有了"的结论。因此,如今我们所有的人将被绝对地排除在航线占有之外。为什么那些周游全球的人,当他们说其为自己已获得了整个海洋的占有时,他们就不会被证明是正当的呢! 但实际上,世界上没有一个人不知道,一艘船在海上航行过后,除了激起一阵浪花,并没有留下任何法律权利。至于葡萄牙人认为的"在他们航行前无人在这样的海上航行"也是再荒谬不过的了。在如今系争的摩洛哥附近的大片海域上,很久之前,就有人在上航行了;更远的东至阿拉伯海湾的大片海洋也曾因亚历山大大帝的多次胜利而名扬天下,如同普林尼和梅拉都告诉我们的那样。[2]

还有许多事例来证实这一观点,即很久之前加迪兹(Cadiz)的居民就已熟悉这条航线,因为当盖尤斯·恺撒[3],奥古斯都的儿子,在统辖阿拉伯海湾时,就发现了不少被认为是西班牙人沉船的片片残骸。恺流斯·安提帕特*(Cae lius Antipater)在他的作品中也告诉我们,他本人就看到过一个西班牙人从事过从

---

① 约翰斯·费伯,《论〈学说汇纂〉》Ⅱ,1,5。

② 普林尼,《自然史》,或《博物学》,Ⅱ,69;Ⅵ,2;彭波尼·梅拉,《研究成果汇编》Ⅲ。

③ [严格说来,盖尤斯是奥古斯都的孙子,却被当作他的儿子来收养]。

* 恺流斯·安提帕特(公元前99年?—前24年),古罗马历史学家。西塞罗、阿提库斯(Atticus)、卡图卢斯(Catullus)等人的朋友。——中文译者注

西班牙到埃塞俄比亚的商业航行。如果科尼利厄斯·内波斯(Cornelius Nepos)的证词被采信的话,阿拉伯人也知道了这些海域,因为他说,在他自己的岁月里,一个欧道克苏丝人(Eudoxus),从拉希鲁斯(Lathyrus)——亚历山大港的国王——处逃亡,就是从阿拉伯海湾上航行并最终到达加迪兹的。然而最为著名的例子是迦太基人的航行。那些最著名的海员都非常熟悉那片海域,因为在迦太基处于其权力的巅峰之时,汉诺(Hanno)从加迪兹航行到阿拉伯边界的最远端,并绕过为我们今天所知的好望角(古时的名字似乎为赫斯伯里恩·西拉丝 Hesperion Ceras)这一海岬,他将其航行过的整个路线,海洋沿岸的外貌特征和岛屿的位置等记载在一本书里,并宣称他到达的海洋之最远端仍是一望无际,可其供给却已耗尽。

普林尼对到东方航线的描述[①],从印度到奥库斯都,从锡兰到克劳丢斯皇帝的使节来往,最终对图拉真*行为的记载以及托勒密**的作品,均使这一点十分清楚,即在古罗马最辉煌的年代,从阿拉伯海湾到印度及印度洋诸岛,乃至更加遥远、被认为是日本的金色切尔松尼斯半岛的航行,早就习以为常了。斯特雷波***说,在他的时代,一支古希腊商人的船队曾从阿拉伯海湾航行到远方的埃塞俄比亚和印度的陆地,尽管以前少有船只如此尝试。罗马人从东方获取了巨大的收入。[②]普林尼说,从事贸易的商船上有数百弓箭手以防海盗侵扰;[③]他还说每年仅印

41

---

① 《自然史》Ⅵ,20。

* 古罗马皇帝,五贤帝之一。——中文译者注

** Ptolemaeus,古希腊天文学家、地理学家和数学家。——中文译者注

*** Strabo(前63年?—前21年?),古希腊地理学家。——中文译者注

② 《地理》Ⅱ和ⅩⅦ。

③ 《自然史》Ⅵ,23。

度从罗马帝国就换取了五十万单位钱币,①或者若加上阿拉伯和中国,则有一百万单位钱币;且从东方带回商品的售价为原来成本的上百倍。

上述古代的这些事例,已足以证明葡萄牙人并非最先到达和航行于世界那部分,甚至在他们到来之前,人们很早就探险过那片海域的每一个单独部分。摩尔人、埃塞俄比亚人、阿拉伯人、波斯人和印度人怎么可能对其邻海仍是一无所知呢!

因此,如今夸口自己发现那片海域的人在撒谎。

那么,好,有人会问,葡萄牙人最先恢复了可能被中断若干世纪、至少为欧洲国家所不知的——因为不能否认——航线的人,他们付出了劳动和代价,甚至还历经艰险,难道看上去这不是一个很重要的事情吗? 与此相反,如果他们强调这样一个事实,即他们向所有人指出,他们独自重新发现了航线,那么没有人会不通情理而否认他们所承担过的无比责任。因为无论何时,只要葡萄牙人奋斗的目标是让被发现物为整个人类而非自己个人经济利益服务,他们将会同样赢得所有发现伟大事物者感到满意的答谢、赞许和不朽的光荣。但是,如果在葡萄牙人的眼里,只有自己的经济收获,则可以确信,作为创业先行者往往获取最多的利益本来应会使他们满意。我们知道他们的首次航行所获回报有时是其原先投资的 40 倍,甚至更多。通过如此海外贸易,出现了以下情况:以前长期处于贫穷的民族突然跳跃式地变成拥有巨大财富者,他们听任周围充斥毫无顾忌的奢侈豪华,以致那些最繁荣的国家在其富有处于巅峰时,也望尘莫及。

但是,如果在这件事上,这些葡萄牙人想一骑绝尘般地向前发展,那么并不值得人们感谢,因为他们只考虑自己的利益。其

① [一罗马钱币约为 4 分]。

实这也不能称之为他们的利益,因为他们在夺取别人的利益。无法论证假如葡萄牙人不去东印度,别国就不会去。随着时代的飞速发展,与其他科学一样,人们对海洋和陆地的地理状况的了解日甚一日。以上对古人探险的描述唤起了人们的兴趣,即使所有的外国海岸尚未一如始初般开放,然而通过海上航行,人们将逐步地重新发现之,每一新发现均指示着下一可发现的路径。葡萄牙人所展示的事业,他国最终会完成,因为许多国家不乏从事商业活动和渴望了解外部世界的满腔热情者。已较好了解印度的威尼斯人,正准备进一步推进其知识的扩散;布列塔尼 * 的法国人持久热情和英国人无畏精神使这样的尝试成为可能;实际上荷兰人早已投身于更具风险的事业中。

43

可见,葡萄牙人既无正当理由,也无值得尊重的权威来支持其观点,因为那些以为海洋会归属任何人主权之下者将制海权置于控制最靠近海洋的口岸者。①但是,对延绵不断地伸展到东印度的海岸线,除几个设防的贸易站点外,葡萄牙人对其声称归属他们的海岸线根本就没有什么权利。

然而,即使某人有权统治海洋,也不能在共同利用方面取走什么,如同罗马人不能阻止任何人在其管辖的海岸上从事所有根据万民法可以做的事情。②即使可以禁止这些事情中任何一项,譬如捕鱼,原因是鱼类可能会枯竭而主张禁止,那么禁止航行也仍不可能,因为该使用不会使海洋自身枯竭。

无论如何,对此最具结论性的论点是:我们基于著名法学家们的观点而提出的看法,即,哪怕已被国家或个人占为己有的陆

---

* Brittany,布列塔尼(半岛),法国西北部一地区。——中文译者注
① 对《教令集》第 6 卷,(*Lib.*)Ⅵ,Ⅰ,6,3 和《学说汇纂》Ⅱ,12,3 进行注释的注释法学家。
② 《学说汇纂》Ⅰ,8,4;詹逊里斯,《战争论》Ⅰ,19。

44 地,也不应当拒绝任何国民的非武装的无害通过,恰如不应拒绝人们饮用河水的权利一样。原因很清楚,根据自然,某一同样的物允许有不同的用途,一方面,各国似乎在它们之间分配了那些除私有权外不便维持的用途;另一方面,在不损害所有权人的前提下保留了那种用途。

所以,对每个人来说,很清楚,阻止他人在海上航行,在法律上得不到任何支持。乌尔比安曾说,他有义务赔偿损失,①其他法学家们也认为能够通过提出禁令(utile prohibito)来对抗他。②

最后,荷兰人以共有权为由祈求取消葡萄牙人的权利,因为人们公认海上航行对任何人开放,即使这不是哪个统治者准许的。这在西班牙法律中得以特别明确的表述。③

---

① 《学说汇纂》XLⅢ,8,2。
② 对《学说汇纂》XLⅢ,14 进行注释的注释法学家们。
③ 巴尔都斯,《论〈学说汇纂〉》Ⅰ,8,3;竺阿流斯,《辩论解决的案件集》Ⅰ,3,28,L,10 和 12[罗得里库思·竺阿流斯,《案件集》于 1621 年出版]。

第六章　海洋及其航海权均不可假教皇捐赠之名而归属葡萄牙人

以发现为由获取所有权是不充分的,教皇亚历山大的捐赠可能成为葡萄牙人接下去判定其拥有对海洋的绝对占有权和航海权的理由。但是,依上所述,那种赠送明显会被视为子虚乌有的卖弄或炫耀而已,因为捐赠对贸易领域之外的事不产生任何影响。因此,既然海洋和航海权不能成为任何人的私有财产,随之而来的是,它也就不能由教皇赠送给任何人,葡萄牙人也不能接受这种捐赠。此外,如前所述,依据任何一个具有正常判断能力人的意见,教皇既非世俗的君主,当然也非海洋的君主;这是举世公认的。甚至为了辩论起见,就算想当然地认为他是海洋之主,教皇之职项下权利仍然不应当整个或部分地转移给任何一个国王或国家。同样,任何一个帝王也不可能随心所欲地把自己帝国下的一个省份或一部分用于自用或让渡给他人。①

那么现在,由于没有人承认教皇有处理世俗事务的法律权利,也许,到目前为止,因精神事务方面的必要性而产生的需求除外。因此,我们正在讨论的事情,也就是说,海洋和航海权仅仅与金钱和利润有关,而与虔诚与否无关,可以肯定没有人会居

---

① 维克多利亚,《印度》,Ⅰ,注 26。

46 然厚着脸皮坚持说教皇在这方面有管辖权。实际上,甚至是统治者,即世俗的君主,也不能阻止别人航行,因为如果他们真的对海洋拥有权利,那也仅仅是管辖权和保护权。还有一个普遍不争的事实是教皇无权从事那些与自然法相违背的行为。[①]但是,正如我们已毫无疑义地证明的那样,任何一个人将海洋和其上的使用权视为自己的私有财产与自然法相冲突。最后,既然教皇根本不能剥夺任何一个人的自有权利,那么其赠送,换句话说,对其意图排除那么多清白无辜、无任何过错行为且应当享有的、丝毫不少于西班牙人权利的国家的权利的赠送行为,他又将如何进行辩护呢?

因此,要么必须断定教皇的捐赠公告无效,要么至少确认这仅仅是教皇为了解决西班牙、葡萄牙两国之争而划分的界线,但这不应由此伴有侵犯任何他国权利的意图。

---

① 希尔维斯特里斯,《论罗马教皇》(*In verbo Papa*)注 16。

第七章 海洋及其航海权均不因时效或习俗而归属葡萄牙人

对非正义行为的最后辩护通常是基于时效或习俗而提出索赔或请求;因此,葡萄牙人又求助于这种辩护。然而,完美无缺的法律推理使其无法利用任何一种请求加以辩护。

时效是市民法的问题,因此它不适用于国王间或自由独立的王国之间。①当它与那些通常比市民法更有法律效力的法,即自然法或万民法发生冲突时,则常退居次位。而且,甚至市民法本身也禁止时效适用于本案。②凭侵占或时效取得那些不能变为财产——即不能被占有或准占有,或不能让渡的——物品,这是不可能的。所有这些原理同样适用于海洋及其使用。

既然公共物品,即属于一国之财产,不能仅仅通过时光流逝而获得,或因其自然属性,或因时效对抗那些享有特权的人,那么享用公共财物而获得增值利益不是给予整个人类,而是仅给予某国,这是否显得更加极为不公正呢?关于这一点,帕比尼安(Papinian)曾言,"通过长时间占有而带来的时效,通常是不能

---

① 瓦斯库兹,《论争议》,第 51 章。

② 多尼尔乌斯 V.22 ff;《学说汇纂》XVIII,1,6;XLI,3,9,25;《教令集》第 6 卷,《教皇波尼菲斯八世教令集》(*Lib.* VI),V,12(不定期占有之规定——Reg Sine possessions);《学说汇纂》L,16,28;XXIII,5,16。

对依万民法视为'公共'土地取得产生效力"。① 为了说明这一点,他引用了一个案例,即有人通过已完工的建筑而占有该海岸的一部分。但是如该建筑被毁,而后不久,他人欲在同样地点建造一所房屋,这无例外地是可能的。然后,他通过类似公共物品的例子来说明同样观点。比如,有人在某一河流的支流上常年捕鱼,后来他停止在那捕鱼,但是,他不能由此阻止后人去享有他曾有过的同样的捕鱼权。

因此,以下情况显而易见:安吉利(Angeli②)和他的追随者曾说"威尼斯人和热那亚人能通过时效取得邻近其海岸的海湾中某些特定权利",这要么是错误的,要么是在欺骗他人;当法学家们不是为了正义和法律,而是为了得到权力的感恩利用其神圣的职业权威时,就会经常地发生类似事情。还有上文相关部分已引用了埃里尤乌斯·马尔西安*的意见,将其与帕比尼安的话语③仔细对照,除了前面已被约翰尼斯和巴托鲁斯④所采纳,且被现在所有饱学之士⑤接受的解释之外,并无其他解释,那就是,法律上的禁止或拒绝(他人权利,jus prohibendi),仅在

---

① 《学说汇纂》ⅩLⅠ,3,45;《法典》Ⅷ,11,G;Ⅺ,43,9;《学说汇纂》ⅩLⅢ,11,2;ⅩLⅠ,3,49。

② 《辩论解决的案件集》286[安杰勒斯·阿里丁·加姆贝列尼(年?—1445年),对《学说汇纂》和《法学阶梯》进行过大量评述的法学家]。

* Aelius Marcianus(公元3世纪),最后的古罗马法学家之一,著有手册《法学阶梯》、《规程》等涉及刑事诉讼程序等专题论著。——中文译者注

③ 《学说汇纂》ⅩLⅣ,3,7。

④ [巴托鲁斯·萨克索费雷托(1314—1357年),后期注释法学派最著名的学者,被他的很多传记作家们称为"民法注释哲学家中最为璀璨的星星(Optimus auriga in hac civili sapientia)"]。

⑤ 杜阿伦,《关于时效取得》,第三章;库亚斯,《论〈学说汇纂〉》ⅩLⅠ,3,49;多尼尔乌斯,《论〈学说汇纂〉》ⅩLⅠ,1,14,第Ⅴ部分22。

持续占有的情形下，才有效；如占有停止，则就失效；一旦占有中断，即使占有已持续上千年，也将失去其权利；正如保罗·德·卡斯特罗＊（Paul de Castro）①公正评述的那样。甚至于马尔西安的意思也是指——当然实际上在他的心目中根本不是——无论何时只要占有得到认可，通过时效的获取也将得到认可，将上述有关公共河流的内容适用于共同海洋，或将所说的有关小港湾或河流支流的内容适用于海湾，仍将是荒谬的；因为在后一种情况下，根据万民法，时效将阻止被所有人共有的东西的使用，而在前一种情况下，时效将不会对公共使用造成太大的伤害。而且，由安吉利基于导水管的使用②而提出的另一论证已被人们正确地予以否定，因为正如德·卡斯特罗所指出的，它完全偏离了主题。

那么，甚至远在人类可回忆的史前某一时刻就出现这种时效，是不真实的。既然法律断然否定了所有的时效，乃至人类的远古时期对此也未产生任何影响；也就是如费林（Felinus③）所言，根据自然本性，不能通过时效取得的东西，也不能仅根据远古时间的流逝而变成可通过时效取得。鲍尔布斯（Balbus）承认这些论点的真实性，④但却说，安吉利的观点基于以下情况会被

＊　即 Paulus Castrensis（年？—1441 年），意大利著名的法学家，注释学家，著有《〈学说汇纂〉讲义》、《〈学说汇纂〉注释》、《商议和解答》等。——中文译者注

①　[意大利著名的法学家（年？—1420 或 1437 年），库加斯曾评述过"Si vous n'nvez pas Paul de Castro, vendez votre chemise pour lácheter"（引自格兰德·庞德的格劳秀斯著作法文译本第 53 页）]。

②　《法典》XI，43，4；参见 XI，43，9；参见《学说汇纂》XLⅢ，20，3。

③　《论教皇格里高利九世的教令》IX，Ⅱ，26，11[费林·玛利亚·桑德（1437—1503 年），卢卡的大主教]。

④　《诉讼请求导语》Ⅳ，5，q.6，注8[约翰斯·弗朗西斯科斯·鲍尔布斯，穆恩茨—豪夫的牧师和法学家]。

接受,即相信远古时间与建立某一所有权的特权有着同样的效力,因为完全所有权假定是从这样的时间流逝中产生的。法学家们由此考虑的是,如一国某一部分,比如说罗马帝国的某一部分,在人类可回忆前的某一时期,已运用这样的权利,则该根据时效取得的所有权将基于上述理由而不得不被认可,确切地说,如同源自于国王的先期授予一样。但是,因为没有人能够统治整个人类,并具有授予任何一人或一国那种权利来反对所有他人的能力,基于该前提根本不存在,根据时效取得所有权也理所当然地不复存在。因此,法学家的观点是:甚至是无限时间的流逝也不能在国王间或独立国家间产生权利。

安吉利还提出了一个很愚蠢的论点,他肯定:即使时效不能产生所有权,也应当作出一个例外以利于占有者,然而,帕比尼安准确无误地指出没有例外①,但是,他也没有相反的想法,因为在他那个年代,时效本身就是一个例外。因此,以下观点是正确的,即基于一个无论多么久远时间的时效,对那些已被认为是人类共同使用的财产均不会产生所有权归属问题,就如同也在西班牙法律中表述的那样。②能为这个定性提供的其他理由之一是:任何一个使用公共财物的人,明显地依据公共权利而非私人权利来使用,而且因为占有的不完整的特征,他因此依据时效获得的权利不会多于用益物权人获得的权利,或者说,仅仅与有用益物权人获得的权利相同。③

---

① 《学说汇纂》XLI,3,49。

② 第3部分,《新约全书》的《提多书》,29,1,7 in c.Placa;竺阿流斯,《辩论解决的案件集》,第4号。

③ 费辛汉姆Ⅷ,第26章和第33章;杜阿伦,《诉讼请求导语》,第二部分,§2,注8;§8,注5和6[尼古拉·费辛汉姆(年?—1407年),(天主教)方济各会教士,在牛津大学讲授神学]。

　　不能忽视的第二个原因是,在虽依远古时间流逝而产生的时效权利中,一项权利和诚信是假定的,然而如依源于事物本身特性,根本就不可能出现建立任何权利的现象,而且,如果因此有明显的不诚信——某物不仅对个人而且对国家都是永久的——那么时效就会因双重缺陷而不成立。①同时,第三个原因是我们正在考虑的仅仅为不可通过时效取得、但可选择的权利,下文将予以论述。

51

　　但是,它们之间的细微差别并未到此为止。本案中,有些法学家区分了时效与习俗,以便如在某一方面受阻,就转而求证另一个。但是,他们作出的区分相当荒谬。他们说,某人被剥夺的权利通过时效给予另一人②;但是,当任何一个人不是通过剥夺另一人权利的方式而被授予任何权利时,那就叫做习俗。仿佛为所有人所共享的航海权,一旦被某人侵占而排除他人使用时,确实并不必然地在其成为个人财产时而使所有其他人丧失权利!

　　保罗(Paulus)对海洋的私人占有权的错误解释支持了这种错误。③阿库尔西乌斯④认为,这样的权利能够通过特权或习俗而获得。但是,这一增添内容根本不同于法学家的权威言语,它似乎是恶意推测者的解释而非忠实于原意的注释者之解释。保罗所说的真实意思已经作了解释。此外,如果对几乎仅在保罗

---

　　①　费辛汉姆Ⅷ,第28章。

　　②　安吉尔·阿里丁,《论〈学说汇纂〉》Ⅰ,8;鲍尔布斯,《诉讼请求导语》Ⅳ,5,q.6,注2;参见瓦斯库兹,《论争议》,第29章,注38。

　　③　《论〈学说汇纂〉》ⅩLⅧ,10,14。

　　④　[弗兰西斯库思(?)·阿库尔西乌斯(年? —1259年)(著名的国王注释法学家阿佐(1150—1230年)的学生),其名字几乎与标准注释同名。他被称为前期注释法学派之集大成者]。

的言语之前的乌尔比安所言,给予更仔细的考虑,就可作出一个
完全不同的断言。乌尔比安①承认允许禁止某人在我房前钓
52　鱼,该禁止权为根据习俗而非基于任何法律所获得的一种侵占
权②,这是真实的;为此,被禁止钓鱼者提起的损害赔偿之讼
不可驳回。

他为此谴责这种做法,称之为侵占;基督法学家安布罗斯
(Ambrose③)也持类似观点,他俩都是正确的。还有什么比当
习俗与自然法或万民法直接冲突时便无效这一点更为清晰
呢?④实际上,习俗为肯定的权利,它不能使普遍的或通用的法
律无效。海洋及其使用为所有人所共有是一普遍法律。而且,
我们所说的时效同样真实和有效地适用于习俗;如有人调查对
此持不同观点者的意见,会发现习俗依特权而建立,除此并无其
他看法。没有人有权授予一个人有损于整个人类权利的特权;
因此,如此习俗在不同国家间不产生任何效力。

然而,整个问题已完全由西班牙人引以为荣的瓦斯库兹⑤
来处理了。在谈到仔细地检查法律或诠释自由原则时,他未留
下任何人们所期望的东西。他主张这样的论点:"根据国际法,
为所有人共有的公共场所不能成为时效的客体"。他根据许多
官方的观点支持这一论点,但是,随之又补充了安吉利和其他人
的反对意见,上文已一一列举了。在审视这些反对意见之前,他

　　① 《学说汇纂》XLVII,10,13。
　　② 《学说汇纂》参考注释的注释学家们。
　　③ 《政府部门职能论》,I,28;詹逊里斯,I,19。
　　④ 《查士丁尼法规汇编》(AUTH),《无效的诉讼第二阶段》§1,c."优先
的惯例"。
　　⑤ 《论争议》,第89章,注12 ff[费尔迪南·门查卡·瓦斯库兹(1509—
1566年),西班牙著名的法学家,在西班牙王国里拥有许多荣誉]。

作出公正合理的陈述，认为这些事物的真理既依赖于自然法又依赖于国际法的正确概念。自然法源于神的意志，不可改变；自然法的一部分是根本的或始初的国际法，它不同于可改变的从属性、实证性国际法。如果习俗与始初的国际法不一致，那么，根据瓦斯库兹的判断，它们是不属于人类，而属于野生动物的习俗，腐败和滥用的惯例不是法律和习惯法。因此，那些习俗不能仅由于时间流逝而成为时效的产物，也不能随法律采纳而证明为合理，更不能通过许多国家的同意、保护乃至实践而确立。他举不少例子，特别是西班牙神学家阿方斯·德·卡斯特罗（Alphonse de Castro①）的证词，来证实这些论断。

　　他说，"因此，很明显，上述那些人的观点，有多少需要怀疑；他们认为热那亚人或威尼斯人会不公正地禁止其他国家在其各自海域的海湾或港湾航行，如同它们对此水域本身拥有因时效而取得的权利。这样的行为不仅与法律相悖②，也与我们所说的不可更改的自然法或根本的国际法相冲突。"可见这是真实的，因为根据同样的法律，不仅所有的海洋或水域，而且所有其他的不动产都是公共财物。尽管晚近，该法律部分地被放弃了，然而就土地的主权和所有权而言——根据自然法起初为共同所有，然后被分割，因此最终从原始的共同使用中分离；——然而③，海洋主权不同于它，从世界之初一直延续至今，都是，并且一直是共有财产，正如众所周知的，其地位从来没有在任何方面有所改变。

————————

　　① 《依法制裁的权限》Ⅱ，14，572 部分[阿方斯·德·卡斯特罗（年？—1558 年），西班牙塞拉曼加省的神学家，查理五世的忠实拥护者]。

　　② 《学说汇纂》XLI，1，14；XLI，3；《法学阶梯》，Ⅱ，1，2；《学说汇纂》XLIV，3，7；XLVII，10，14。

　　③ 《学说汇纂》Ⅰ，1，5；《法学阶梯》1，2，§2。

他继续论述："尽管我经常听说许多葡萄牙人相信其国王在西印度洋（可能也包括东印度洋）广阔的海域上拥有因时效而取得的航海权，以致不许其他国家在这些海域上航行通过；尽管我们西班牙的普通人民似乎有同样看法，即，除了我们西班牙人以外，世界上绝对没有谁有最起码的权利在延伸到曾被我们最强大的国王所征服的印度洋上广袤的海域中航行，似乎该权利通过时效就仅仅为我们所有；然而，我重复一遍，尽管这两方面的事情我都听说了，但是，所有这些人的信条都与那些总是沉浸于热那亚人和威尼斯人相关的同样幻觉中喜悦的人的信条是同样地十分愚蠢。实际上他们所有人的观点看上去都更为明显地荒谬，因为这些国家没有一个能够建立时效制度来反对它自己（如同反对他国一样）；也就是说，不论是威尼斯共和国，热那亚共和国，西班牙王国还是葡萄牙都不能够通过提出的时效制度来对抗它们已通过自然而拥有的权利（如同不能对抗他国同样的权利一样）。①因为主张通过时效取得权利者和由于确立该权利主张而受害者肯定不是一个人，一个同样的人。

"它们甚至远不具备提出时效来对抗其他国家的能力，因为通过时效取得的权利仅仅是市民法的权利，这在前文已有一定论述。因此，在否认世俗世界有更高权威者的各国统治者之间，这种权利不产生任何效力。仅就任何地方的市民法而言，它们对外国的人民、民族乃至个人都不发生效力，更不用说如果它们不存在或从来就没有存在过。因此，有必要求助于普遍的国际法，包括从属的和根本的国际法，有必要运用明确不承认任何有关时效和侵占海洋的法律。如今，对海域的使用是共同的，恰如

---

① 《学说汇纂》XLI，3，4，26(27)；《法学阶梯》Ⅳ，6，14；巴托鲁斯和杰森，《论〈学说编纂〉》XXX，11。

世界形成时那样。任何人对海洋及其水域都没有也不能获得有损于其共同使用的权利。此外,在自然法和神法中都有一项著名规则:"己所不欲,勿施于人。"因此,下文也就顺理成章,既然航行不会伤害除航行者本人以外的任何他人,任何人就不能或不应禁止他从事这样的行为,免得说那自由自在、并对自身带来最少伤害的大自然阻止了航行自由,并由此触犯了公认的格言和规则:不为明文禁止者,应为允许也。①此外,欲阻止这样的航行自由不仅与自然法相违背,而且我们还得反其道而行之,即有责任通过任何我们可采取的方式来帮助这样的航行,如这样做对自己无任何损害。

　　瓦斯库兹借助于许多世俗和神的权威机构,确立了自己的观点,又补充说:②"那么,从此前发生的事情来看,可见,上文所引述的约翰斯·费伯、安吉利、巴尔都斯(Baldus)和鲍尔布斯所持观点都不能相信,因为他们认为根据国际法,公共场所即使不能通过时效对外开放而获得,也能通过习俗取得;这完全错了,而且是一个既费解又模糊的说教,缺少最微弱的理性光芒,它制定了一个停留在纸上而非实际的法律。③从西班牙人、葡萄牙人、威尼斯人、热那亚人和其他人的海上实践中获取的事例较好地确立了这一原则:航行绝对权和禁止他人航行权既不能通过时效取得,也不能通过习俗取得。④显然,两者的原因一样,既然根据法律和上述理由,这与自然公正相矛盾,而且不会带来利益,只会带来伤害,因此,既不会根据明示的法律来介绍,也不会

56

---

　　①　《学说汇纂》Ⅰ,5,4;《法学阶梯》Ⅰ,3,4;《学说汇纂》ⅩLⅢ,29,1—2;ⅩLⅣ,5,1;《法典》Ⅲ,28,35;《学说汇纂》Ⅳ,6,28。

　　②　《法典》Ⅲ,44,7。

　　③　《法典》Ⅵ,43。

　　④　《学说汇纂》Ⅸ,2,32。

通过默示的或隐含的法律来引入,那就是所谓的习俗。①远不是根据时间流逝来判断它自身,它在相当程度上变得越来越糟,日趋有害。"

接着,瓦斯库兹论述从地球上最早先占的时代起,每个人在其领地内均有猎捕权,在其河流里有捕鱼权。在有些权利曾以他们承认的特定附属物方式从古代共同体的权利中分离出来后,通过基于"其起源的追忆殆尽"这类时间流逝的时效而能取得如此权利,如同通过一国的默示允许取得那样。然而,这种现象通过时效而非习俗产生了,因为只有获取权利者的条件改善了,而其他人的条件却变得糟糕。接着,瓦斯库兹列举了为使在河里捕鱼私有权可能变成通过时效所获权利所必需的三个条件,他继续论述:

57

"但是,对海洋该说什么呢?有关它,我们有更多的话要说,因为哪怕将上文提到的三条件结合到一起,在这也不足以导致获取这样的权利。一方面是海洋,另一方面是陆地和河流,它们间存在差异的原因如下:针对海洋,涉及捕鱼和航行的国家同样的原始权利在最早时期就已经存在了,在今天仍然未受减少地存在着,并将一直持续下去,而且因为那种权利从来没有从所有人类的集体权中隔离出去,且与任何人或任何人的集合体连在一起。但是在后一种情况下,即涉及陆地和河流的情形,是不同的,如同我们已论述的那样。"

"但是,有人会问,为什么当我们考虑到河流和陆地时,会导致这种分离的从属国际法,在我们以同样的方式考虑到海洋时,就不发生效力呢?我的回答是因为在前一种情况下它是有用的

---

① 《格拉提安尼政令集》(Dist.) Ⅳ, C.Ⅱ;《学说汇纂》Ⅰ, 3, 1—2, 32;《教皇格里高利九世的教令》,Ⅱ, 26, 20。

和必需的。因为大家承认很多人在陆地上猎捕或在河里捕鱼，森林里的野生动物和河里的鱼，很容易被捕尽打绝；但这种意外事件对海洋来说是不可能发生的。同样，河流上的航行也容易被河里放置的建筑减少或阻碍，但是对海洋来说就不会发生这些现象。也同样，通过导水管河流易被放干河水，但是，通过任何如此的方式都不可能使海洋干涸。①所以，对这两种情况而言，没有同等的理由。

"以上所述的有关水域、溪流和河流的共同使用在这种情况下也不适用，因为有关它们的共同使用只有在饮用和有类似的其他目的时才能得到承认，即这样的用途根本不会或仅轻微地伤害河流的拥有者或在河里有其他权利的人。②这些细枝末节的事情，我们没时间再讨论它们了。有利于我们论点的是这样一个事实，时间流逝不会给予任何不公正的事情一个通过时效取得的权利。所以不公正的法律是不能够建立时效取得权利制度，或由时间流逝作出公正判断的。"瓦斯库兹进一步说，"通过法律规定不能根据时效取得权利的财物，不可能成为时效制度的客体，即使在时光流逝千年后"。他引用无数法学家的话语来支持其这一陈述。③

人人都看出无论持续多长时间，任何侵占都不能阻止对共有物的使用。同时还应当增加一点的是，那些持不同观点的人的权力不可能运用到这里正在讨论的问题上。因为他们讨论的是地中海，我们讨论的是海洋；他们讨论的是海湾，我们讨论的是无边无际的海洋；而且从占有的角度看，这些是完全不同的事

58

---

① 《学说汇纂》XLⅢ.13。

② 《学说汇纂》Ⅳ，4，3；瓦斯库兹，《继承程序》Ⅰ，7。

③ 鲍尔布斯，《诉讼请求导语》3，11；16，3；阿方斯·德·卡斯特罗，《依法制裁的权限》Ⅱ，14；鲍尔布斯与安吉尔，《论〈法典〉》Ⅶ，39，4。

情。刚刚提到的当局同意给予时效制度的那些人，比如威尼斯人和热那亚人，也只占有的是连绵不断的海岸线，但是，很清楚，甚至连那种占有葡萄牙人也不能主张。

况且即使如某些人所认为的那样，仅仅通过时间流逝为条件的时效制度就能在公共财物上建立一项权利，那么创造这项权利的绝对不可或缺的条件在这种情况下也不存在。这些必需的条件是：第一，所有的法学家告诉我们，建立这种时效权利的人应当不仅实际有效地占有了很长一段时间，而且应从远古时就开始；第二，在其实际占有期间，任何他人都不应该行使过同样的占有权利，除非得到占有者的允许或秘密地行使占有；第三，除此之外，以下条件也是必需的，即他应当阻止那些希望使用其占有的他人从事这种占有，且这些措施应属于常识性的，并根据那些关心这方面事情的人的容许来完成。因为即使他连续不断地行使其占有权，并一直阻止了一部分而非全部想行使其占有权的人利用其占有；那么，由于有一些被成功阻止行使其占有权，而其他人被允许自由地利用其占有，因此，根据法学家的观点，这种占有尚不足以确立时效之权利。

显而易见，所有这些条件应当具备，既因为法律与公共物的时效制度相对立，也因为想确立这样时效制度的人可能似乎使用其私有权利，而非公共权利，不过这必须依据持续的占有。

现在，创造一个时效权利需要超越人类可记忆时代前的时间，如同许多最好的评论家指出的，证明上百年时间的流逝并不总是很充分，但是，由祖先传给我们的传统应当是无可争议的，只要耳闻目睹任何相反之事的祖先不可能还健在。在约翰王统治时期，①即公

① 奥索流斯[希尔隆尼姆·奥索流斯(1506—1580年)，被称为葡萄牙的西塞罗]。

元 1477 年,在非洲的战争时期,葡萄牙人开始将他们的发现推进到大洋更为遥远的海域部分。二十年后,在艾默纽尔王统治时期,他们绕过了好望角;然而,一些年后,到达了马腊加(今马六甲)及其周围的岛屿,实际上是些很小的岛屿,荷兰人 1595年,即在葡萄牙人最先到达的近百年时间里,开始航行到这些岛屿附近。实际上,甚至在那段时间里,其他各方的侵占打断了其他任何一方确立时效权利的有效资格。例如,从 1519 年起,西班牙人认为葡萄牙人在摩鹿加群岛附近海域的占有是不确定的。甚至法国人和英国人,不是秘密地而是凭借武力,开辟了通往新发现区域之路。此外,非洲和亚洲的整个海岸沿线的居民不断地在最靠近其海岸的海洋区域进行航行和捕鱼,而且,他们的航行和捕鱼从来未被葡萄牙人禁止过。

　　所以,整个事情的结论是,葡萄牙人并不拥有可禁止任何他国从海上航行到东印度的任何权利。

60

第八章　所有人依国际法
享有贸易自由

然而,如果葡萄牙人声称他们享有对东印度贸易的独占权,那么其主张将被所有实际已提出的同样论点所彻底否定。但是,我仍将扼要重复一下,并将之运用于这个特定的主张。

根据国际法,需引入这一原则,即任何人不能被剥夺的①从事贸易的机会对所有人来说是平等的。因为这个原则在私有权的特征确定后,非常有必要加以运用,所以可以看出它源远流长。亚里士多德在其《政治学》②中用一个十分明智的词组说道:交换的艺术是一个自然要求的自主完成过程。因此,根据国际法,不仅在否定的意义上而且在积极的,或如法学家所言,肯定的意义上说,贸易应当为所有人共享。③来自前一类的物品趋于变化,而后一类物品则不是。该观点可通过以下方法来解释。

自然将所有的东西给予所有人,但是,既然人们被禁止使用
许多每天生活中都想得到的物品,因为他们彼此分散居住,且因为如上所说,每个地方不可能发现所有的东西,把物品从一地运到另一地就有必要;不是因为有了商品间的交换,而是因为人们习惯于根据自己的判断而相互利用在彼此各地发现的物品。他

---

① 《学说汇纂》Ⅰ.1.5。

② Ⅰ,9(1257a, 30)。

③ 参见科瓦鲁维耶思在"罪行"一章§4的论述。

们认为中国人之间的贸易大约也是按此方式出现的。物品被储藏在沙漠里的外沿,然后留给那些有着诚信和良心的人们,他们用自己的东西来交换他们需要的东西。①

但是,当动产成为私有权的一部分(由于需要而导致的变化,上文已作解释)时,那里就直接出现了交换方法,通过该方法,缺少某物的人就从另一有多余该物者处得到补充。②由此,商业诞生于对生活品的需要,就如普林尼通过荷马的引文而展示的那样。③但是,在不动产也开始被承认为私有财产后,随之而来的使用的普遍共同体的湮灭使商业活动不仅成为分开居住的人们之间,甚至也是相邻的人们间的必要内容。为使贸易更容易进行,不久后,人们发明了金钱,如同该词源所显示的,这是一种市民制度。④

所有合同即交换的共同基础源于自然,但是,对于某些特定种类的交换和金钱支付本身却源于法律⑤;尽管过去的注释法学家还未对该差异作出十分清晰的区别。然而所有的当局都同意物品所有权是动产所有权,源于根本的国际法,而那些未提及价格的合同也来自同样的源头。⑥哲人们⑦用希腊语来区分两种交换,我们应当利用我们的自由将它们译为"批发商"贸易和"零售商"贸易。前者,如希腊语所显示的,意指广泛分布的国家间贸易或交换,在自然秩序中列于首位,如同柏拉图的

63

---

①　彭波尼·梅拉,《研究成果汇编》Ⅲ,7。

②　《学说汇纂》ⅩⅧ,1,1。

③　《自然史》或《博物学》ⅩⅩⅩⅢ,1。

④　亚里士多德,《伦理学》5,5,11(1133a 20);《政治学》Ⅰ,9(1237b 10)[Nummus＝νόμος。该引用来源错误的事实,当然并不影响作者的论点]。

⑤　《格拉提安尼政令集》(*Dist.*)Ⅰ.C.Ⅶ;亚里士多德,参见注④。

⑥　卡斯特伦西斯、辛鲁斯和其他法学家,论《学说汇纂》Ⅰ.1.5。

⑦　柏拉图,《论辩术》,223d。

《共和国》①所描述的。后者看上去是同种类的交换,亚里士多德用另一希腊词②称呼它,意指市民间的零售或商店贸易。亚里士多德进一步将批发贸易分为跨越大陆的贸易和海外贸易③。但是,在两者之间,零售贸易更琐碎和卑微些,而批发更荣耀些;但是,其中最荣耀的是海外批发贸易,因为它使许多人成为诸多物品的共享者④。

因此,乌尔比安说,船舶的维修护理是一个国家的最高职责,因为它是绝对的自然需要,但是,对小商贩的保护就没有同样价值。亚里士多德在另一处说:"因为交换的艺术延伸到一切占有,它最先通过自然的方式产生于有些人拥有太少而另一些人拥有太多的环境。"⑤与之相关,赛尼卡的话也被引用了,因为他曾言"买卖乃万民法也"⑥。

因此,贸易自由是基于国家的原始权利,它有着自然和永久的原因;因此,该权利不能被消灭,或在任何情况下不可以被消灭,除非经所有国家的一致同意。因为可以确信,没有哪一国可以任何方式正当地反对其他两国彼此间的贸易。

---

① 引用《学说汇纂》L.11.2 之 Ⅱ 的第 371 页。

② 《政治学》Ⅰ, 11(1258b 22—23)。

③ [这里的内容在一定程度上被扩充了]。

④ 西塞罗,《官职论》(《义务论》)Ⅰ, 150—151;亚里士多德,《政治学》Ⅰ, 9。

⑤ 《政治学》Ⅰ, 9(1257a 14—17)。[约维特译本,第 1 卷第 15 页]。

⑥ 《特权论》Ⅴ, 8(不是直接引用,而是对章的总结)。

第九章　与东印度贸易权不可根据先占的资格归属葡萄牙人

不论是发现还是占有（第二章与第五章已充分论述了），均 65
不能产生正在讨论的与东印度贸易的权利，因为进行贸易的权
利不像某些实物体，可以从物理上抓住；即使葡萄牙人最先与东
印度人进行贸易，尽管这种主张是站不住脚的、错误的，然而发
现或占有对他们来说也仍然没有任何帮助。因为一开始，人们
就在探寻不同的道路与他人交往，而且总有一部分人必然会变
成第一批与他人交易者；可以肯定的是，这些人并未由此而获得
任何权利。因此，如果葡萄牙人是仅仅在与印度人进行贸易而
拥有某些权利，那么该权利像其他地役权一样应当源于承认，明
示的或者默示的，即源于时效。否则，这样的权利根本不存在。

第十章 与东印度贸易权不应假教皇捐赠之名归属葡萄牙人

也许除教皇外，没有人承认之*，而他又根本没有这样权力①。因为任何人不能赠送任何不属于他的东西。但是，教皇，除非他是整个世俗世界的君主，这又被明智的人所否认，不能说贸易方面的普遍权利隶属于他。尤其这一点是真实的：既然贸易仅与物质收益相关而与精神世界根本无关，如同大家都承认的：在精神领域之外，教皇的权力终止。此外，如果教皇希望将那样的权利仅仅给予葡萄牙人而剥夺其他所有人的同样权利，那他就在做着双重不正义的事情。首先，他对东印度人民做了一件不公正的事情，因他们如我们所说的，被置于教堂之外，不属于教皇的臣民。因此，既然教皇不能从他们身边拿走任何属于他们的东西，他就不能剥夺他们乐意与任何人进行贸易的权利。其次，他对所有其他人，包括基督徒和非基督徒，在没有经过听证会的情况下，他不能从他们身上拿走同样的权利。此外，如同前述理性的、权威的言语所证明的那样，针对这样一个事实——甚至世俗的君主在他们自己统治的范围内也没有资格禁

---

* 指教皇的捐赠。——中文译者注
① 参见第三和第六章。

止自由贸易——我们会说些什么呢?

　　因此,教皇的权力在永恒的自然法和万民法面前,没有任何效力;我们必须承认,源自自然法和万民法的自由是注定永远延续下去。

第十一章　与东印度贸易权不应以时效或习俗之名义归属葡萄牙人

　　最后是时效,或者如果你偏向另一个词,习俗①。我们已论述过,根据瓦斯库兹的观点,在自由国家间,或不同人民的统治者间,时效和习俗均无效力,或对根据原始法律引进的原则也不发生效力。这里,同前文一样,仅仅时间流逝不会导致通过无所有权特征的贸易而成为私有。如今在本案中,名义和诚信均不能显现,因为诚信明显不存在,根据法律规则,时效不能被称作权利而只能叫伤害。

　　不,涉及贸易的占有似乎不是源自私有权而是源自平等地属于大家的公共权利;因此,另一方面,有些国家可能忽略与东印度的贸易,但不能由此假定它们这么做是为了支持葡萄牙人,而是因为它们认为这么做是出于其最佳利益。但是,一旦利益说服了它们,没有任何东西能阻止它们去做先前没有做过的事情。因为法学家们②已将这样一个无可争辩的原则代代相传下来,即可裁定或选择的物品是这样一些东西,它们只能产生于自

---

　　① 　参见第七章。

　　② 　《论〈学说汇纂〉》ⅩⅬⅢ,11,2;鲍尔布斯4,5pr qu.1;潘诺米坦,《论〈教皇格里高利九世的教令〉》,Ⅲ,8,10;《学说汇纂》ⅩⅬⅠ,2,41;科瓦鲁维耶思,"所有人"一章,2,§4;瓦斯库兹,《论争议》,第四章,注10和注12。

身可选择的行为,而不能创造一个新的权利,在所有此类案例中,根据时效或习俗,甚至一千年也不能产生一个所有权。如同瓦斯库兹指出的,这一点在肯定方面和否定方面都有所表现。因为我不是被迫根据自己的自由意志去做我迄今已完成的事情,也不是被迫停止做我未曾做过的事情。

那么,还有什么比从我们作为个体与其他个体不能总是只做一个买卖这样事实中得出"如果机会再次来临,我们将来与他们进行讨价还价的权利不复存在"这一结论更为荒谬吗?瓦斯库兹同样也颇为公正地说过:甚至无限时间的流逝,也不能创设一个看上去源自需要而非选择的权利。

因此,葡萄牙人要想建立与东印度贸易的时效权利就必须证明其强制取得存在。但是,既然在这样的案件中,这种强制所得与自然法相违背,而且对人类来说,也是应受谴责的,所以它不能建立一种权利。①此外,这种强制必须持续存在很长一段时间,以致"其起源或源头的可记忆时间都不存在";然而,实际情况根本不是那样,自威尼斯人几乎完全控制通过古希腊的航道②与东印度进行贸易起,至今还不过百年时间。还有,这种强制不应遭到抵制反对,但东印度和英国、法国及其他国家的抵制反对是存在的。最后一点,部分被强制是不充分的,而全部的被强制却必不可少;因为通过对一个人施加强制的失败,意味着对贸易自由的占有为大家所保留。阿拉伯人和中国人现在还在与东印度人进行着已无间断地持续了数世纪的贸易活动。

葡萄牙人意图通过时效来侵占贸易权是没有任何价值或意义的。

---

①　瓦斯库兹,《论争议》,第四章,注 11。
②　古奇阿蒂尼,《意大利史》,ⅩⅨ。

第十二章　葡萄牙人无任何公平
依据而禁止他人贸易

　　因此,通过我们目前所讨论的内容,不难看出:那些为了不让别人来分享其利益,并竭尽全力试图平静自己良心之人的盲目贪婪性,最终被对同样案件也感兴趣的西班牙法学家们,根据下述论点证明全是一场空。①因为他们尽其所能地明确表示,关于印度,所有使用的借口均是牵强附会和不公正的;还说,这一权利还从未被众多神学家们所认真严肃地同意过。实际上,还有什么比葡萄牙人抱怨他们的利润,因一批他们的竞争者们的存在而流失掉更为不公正的事情呢? 一条不可辩驳的法律规则规定,运用其权利者是被公正地假定为既没有构成欺骗也没有构成欺诈行为的;事实上,也更不会对任何人造成伤害。这一点千真万确,如果他无意伤害他人,仅仅为了增加自己的财产。②应当考虑的是主要的、最终的意图,而非无关紧要的结果。实际上,如我们可就财产方面同意乌尔比安的观点,则他不再进行任何伤害行为,但却在阻止某人获得先前被另外一人所享受的

---

　　①　瓦斯库兹,《论争议》,第 10 章,注 10;维克多利亚,《印度》,Ⅰ;1,注 3;《学说汇纂》Ⅵ,1,27;L,17,55,151;ⅩLⅡ,8,13;ⅩⅩⅩⅨ,2,24;巴托鲁斯,《论〈学说汇纂〉》ⅩLⅢ.12,1;《卡斯特伦西斯论〈法典〉》Ⅲ,34,10;《学说汇纂》ⅩⅩⅩⅨ,3,1。

　　②　瓦斯库兹,《论争议》,第 4 章,注 3,ff;《学说汇纂》ⅩⅩⅩⅨ,2,26。

利润。

同时，出于最高的法律和公正，以下一点是自然而又贴切的：谈到对所有人公开的收益时，每个人都会为自己而非别人争取，尽管别人早已发现了。①谁会支持一位抱怨另一位匠工因掌握了同样的技术而分享了其利润的匠工呢？何况就本案而言，荷兰人的理由是更为理性的，因为他们的利益是与全人类利益息息相关的，而这种利益恰是葡萄牙人正在试图摧毁的。②说这是在竞争中完成，也是不正确的，如同瓦斯库兹在一个类似案件中显示的那样。因为我们必须明确地否认这一点，或明确地肯定这不仅仅是以荣耀的而且是以相当荣耀的竞争方式来进行的，因为如同赫西奥德所说，"这种竞争对凡夫俗子来说是荣耀的"。③因为瓦斯库兹说，如有人因爱其同胞而如此受感动以致他在极其匮乏时期，以比平常低很多的价格提供其谷物，则他会受到邪恶而又冷面无情的人的阻止，因为后者正欲在因匮乏导致的紧要关头，以比平常高很多的价格卖出其谷物。但是，有人会反对，因为通过该方法其他人的利润将会因此而减少。"我们不否认这一点。"瓦斯库兹说，"但是，他们在使其他所有人的相应利益在减少。不过，要是这个世界上所有统治者和暴君的利润因此而减少，那该多好！"

实际上，还能设想出什么事情会比西班牙人掌控着整个世界的附庸国，以致根据他们的喜乐来决定不允许买卖这种情况更为

———————

① 瓦斯库兹，《论争议》，第 4 章，注 3，ff；《学说汇纂》XXXIX，2，26。

② 瓦斯库兹，参考文献同上，注 5。

③ 在他的《工作和时日》中［整个一段由 A.W.迈尔翻译（牛津翻译，第 1 页），内容如下："因为当无事可做的他旁观自己的富有时，他得耕耘并构筑自己的巢穴：邻居与邻居的竞争加速人们的富有：这种人与人之间的竞争是良性的"］。

不公正吗?①在所有的国家,粮食谷物投机者会引起我们极大的公愤,甚至会给他们以惩罚;实际上,似乎没有什么其他商务活动会像在谷物市场上抬高价格那样丢人现眼了②。那是不足为奇的,因为这些投机者做了有害于自然的事情;而自然,如亚里士多德所说,对所有人而言,同样是丰富多产③的。因此,贸易不只是为少数人的利益,而是为了平衡甲某的富余与乙某的匮乏,其中,也应当得到保证所有自己从事劳作和运输的人得到公正回报。

那么,在一个国度稍小的社会体中令人悲哀和有害的同样事情会被人类中较大的团体所容忍吗? 西班牙人难道真的获得了对整个世界的独占权吗? 安布罗斯猛烈抨击了干扰海洋自由的人;④奥古斯丁猛烈抨击,并反驳了阻止陆路交通线的人;纳兹安宙斯的格里高利⑤猛烈抨击那些买进货物并持有它们,因此(如同他雄辩地说到)从其他无援助且需帮助的人那里为他们自己单独获取利润的人。实际上,根据这位智慧而又圣洁的人的观点,任何囤积谷物并因此抬高市场价格的人应当受到公众的惩罚并被处以死刑。

因此,葡萄牙人可能会尽其所愿地大声而又唠唠叨叨地喊道:"你们在减少我们的利润!"荷兰人将回答道,"不! 我们只是在寻找我们的利益! 你们是否因为我们与你们分享风和海洋而发怒? 请问,谁许诺你们将永远拥有这些利益? 你们无忧无虑地拥有了我们也应当获得的、令我们十分满意的东西。"

---

① 《法典》IV,59。
② 卡耶坦论托马斯·阿奎那,《知识大全》II,II,q.77,a.1和3。
③ 《政治学》1,9。
④ 《(圣经上的)创世纪》V,10,4,q.44。
⑤ *In funere Basilii*,拉丁文,英文译本未译。——中文译者注

第十三章 荷兰人必须通过和平、条约或战争方式维护其参与东印度贸易的自由

因此,既然法律和公正要求与东印度的贸易成为我们和其他任何人的自由,那么不管怎么样,我们应当维护依照自然由我们享有的自由,要么通过与西班牙人达成和平协议,要么签订一个条约,要么通过继续战争等方式。而就和平而言,众所周知,它有两种,一种是以平等为基础,另一种则基于不平等。希腊人①称前者是一种平等主体间的条约,而后者则为被迫的停战协定;前者意味着对具有高尚灵魂的人而言,而后者常意味着奴役精神。狄摩西悌尼*在他的一篇有关罗德岛人②的自由的演讲中说:希望获得自由的人们,远离那些强加于他们的条约是必要的,因为这样的条约几乎与奴隶制一样。根据艾索克拉底(Isocrates)的定义,那样的条件是所有的、让一方自身的权利减少的条件。③因

---

① 修昔底德(公元前 471—400 年,希腊历史学家),艾索克拉底(公元前 436—338 年,雅典演说家),安多希底斯(年?—年?)。

* Demosthenes(公元前 384—322 年),希腊的政治家、雄辩家,多次发表演讲攻击侵略希腊的马其顿国王菲利普,呼吁团结。——中文译者注

② 艾索克拉底,阿基达摩斯(Archidamos)51[格劳秀斯在此可能引自其记忆之中的内容]。

③ 《颂词》176。

为如同西塞罗所言①,战争必须是为了人们过上和平的、无害
的生活而进行的;随之,和平不应意味着带有任何奴役的协
议,而应是不受干涉的自由,特别是因为依许多哲学家和神学
家②的观点,和平和正义在名义上区别远甚于事实上的区别,
因为和平是基于良好秩序的法规之上而非个人的狂想之上的
和谐协议。

73

　　然而如果安排签订停战协定,从停战协定的本性看很清楚,
在其持续期间,任何人的条件都不应当向更坏的地方变化,因为
双方都站在占有权这一平等的起跑线上。

　　但是如果我们由于敌人的不正义而被迫进行战争,那我们
事业的正义性应当会给良好的结果带来希望和信心。如同狄摩
西悌尼所言,"因为每个人为了恢复他所失去的东西都会进行最
勇敢的战斗;但当人们努力地以他人为代价去获取利益时,情况
不会如此"。③亚历山大大帝用这种方式来表达他的观点:"那些
开始着手不公正行为的人必须承受最严厉的谴责;但是那些反
击侵略者的人却可双倍地武装,既被由于他们正义的理由而激
起的勇气武装起来,又被因为他们不是在做错误的事情而是在
阻止一件坏事带来的最大希望所武装。"

　　因此,如果需要的话,对没有国家控制的海洋,不仅为了你
自己的自由而且也为了人类的自由,就必须起来勇敢地战斗。
"不要让他们装有羽翼且其每艘船伴有一百个桨的战舰将你吓
倒。它在上面航行的海洋将与之无关。尽管船上载有足以扔投

　　①　《官职论》Ⅰ,第35页。
　　②　鲍罗·路加努斯与斯托贝母,《正义论》;克莱门斯·亚历山大林,斯托
洛美特斯(Stromateis);奥古斯丁,《上帝之城》Ⅳ,15。
　　③　《论罗德岛人的自由》ⅩⅤ,10[彼科德—坎穆布里奇译本Ⅰ,第59页]。

诸如古希腊色萨利野蛮人所能扔的礁石的人,你将发现它们不过是空空的平板和虚设的恐怖而已。正是他的原因产生或损害了一个士兵的力量。如果其理由是不公正的,耻辱将会重击来自其手中的武器。"①

如果众多的作家,其中有奥古斯丁自己,认为因为经过外国领土的无害通行被拒绝而拿起武器是正确的话②,那么还有什么比拿起武器来反对那些主张源自海洋的共同和无害使用——根据自然为全人类共有的——的自私要求的人更为公正呢? 如果那些阻止他国在它们自己的土地上进行贸易的国家受到公正攻击的话,那些依靠武力分离且中断它们根本没有权利统治的各国人民间的相互交往的国家,又会怎么样呢? 如果该案被提交到法庭上,毫无疑问,从一个公正的法官处应当能得到一个期望的裁决。执政官的法律规定:"我禁止使用任何力量来阻止任何人在一条公共河流上驾驶轮船或小船,或阻止任何人将其货物卸在河岸上。"③法律注释家们说:对于海洋和海岸,必须以同样的方式适用禁令。例如,拉贝奥在评述执政官的法令"在河流里和其河岸上不要让任何使船登岸或使船通过受阻的事情发生"④时说,适用到海洋方面有一个类似的禁止行为,即,"不要让任何使港口、登陆或航船通道受阻的事情发生在海洋或海岸上。"⑤

而且,在这样的禁止之后,即,如有人被阻止在海上航行,或不允许出卖或使用他自己的物品或产品,乌尔比安说,则他可以

---

① 《论所有权》Ⅳ, vi, 47—52[巴特勒(Loeb)译本,第 305 页]。

② 《上帝之城》Ⅴ, 1。

③ 《学说汇纂》XLⅢ, 14, 1。

④⑤ 《学说汇纂》XLⅢ, 12, 1。

基于这一点提起损害赔偿之诉。①同时神学家和诡辩家们也同意阻止他人进行买卖活动的人，或将他私人利益置于公共和共同利益之前的人，或采取任何方式阻止他人使用根据共有权利是其自己的东西的人，应当负有赔偿根据一个正直的裁判官决定的、在数额上与其造成损失相当的责任。

根据这些原则，一位正直的法官会授予荷兰人贸易自由权，而且会阻止葡萄牙人及其他人使用任何力量来干涉那种自由，并作出荷兰人由此获得公正的补偿的决定。但如果应在法庭上作出的判决不能得到时，则会要求诉诸正义的战争来取得。当奥古斯丁说"对手的不公正会带来正义的战争"②这句话时，他承认这一点。西塞罗也说，"解决争端有两种途径，一是协商讨论，二是武力；我们只能在不能使用协商讨论的前提下，才可诉诸武力。"③狄奥多里克（Theodoric）国王说："当正义不能在敌人心脏处找到住所时，我们必须求之于武力。"然而，彭波尼把其裁定流传下来，该裁定对我们的观点④而言，比我们已引用的任何一句话都更有说服力。彭波尼宣称，某人抢得公有财物并给他人带来不利时，就必须依武力来阻止他做此事。神学家们也说，正如同为了维护个人财产，战争才可正义地进行一样，为了使用那些根据自然法属于人类的共有财产的物品，正义的战争也才可进行。因此，关闭通道并阻止出口商品的人，应当被禁止

---

① 《学说汇纂》XLⅢ，8，2；XLⅦ，10，13和24，希尔维斯特里斯，关于"恢复、补偿"一词；奥尔德拉德和阿奇迪阿康，《论〈学说汇纂〉》XLⅧ，12，2和XLⅦ11，6[奥尔德拉德·德·庞蒂（年？—1335年）是一位波隆那宗教法规学者。阿奇迪阿康可能是意大利教会法学家库杜·波士]。

② 《上帝之城》（Ⅵ）。

③ 《官职论》（《义务论》）Ⅰ，34[沃尔特·米勒（Loeb）译本，第37页]。

④ 《学说汇纂》XLI，1，50；哈恩里奇·范·戈卡门，《正义的战争》，9。

从事这些行为，甚至我们根本不需要等待任何公正的权威来授权，就可禁止他们的如此行为。

　　基于上述事实，根本就无需害怕上帝会让那些触犯他自己 76 制定的、最为稳固的自然法原则的人会繁荣成功，或甚至会让那些为了个人私利而损害人类公共利益的人不受惩罚。

附录:西班牙国王菲利普三世的两封信

　　由于西班牙国王的几封信最近落到我们的手中,信中他的阴谋和葡萄牙人的阴谋大白于天下,看来很值得将其中的两封译成拉丁文,它们对我们正在争论的内容有着特别的影响,故将它们附之于此。

第 一 封 信

　　致唐·马丁·艾尔弗索·德·卡斯特罗,我们挚爱的总督;我,国王陛下,送去诸多问候:

　　与此信一道,有一份以诏谕形式打印的复制件寄予您;该诏谕的起草令我费时颇多;根据这一命令,我禁止所有外国人在印度本土和所有其他跨海地区的商务活动;至于理由,一部分如下文所述,另一部分是因为与我的利益相一致。由于这件事最为重要和有用、且应以最大的热情来执行,我命令:一旦收到这封信和该诏谕,您应尽全力在您所管辖的地方和地区广为进一步公布这一法令,并对任何人,无论他是谁,也不论他的才智地位、年龄或条件如何,无一例外地、毫不迟延地、无条件地执行该诏谕的规定;您必须充分利用您的权威的力量来执行这一命令,任何类型、种类或性质的拖延、要求或与之相反的阻碍都是不允许的。

　　因此,我命令:该职责应当由那些本该履行该职责的官员来完成,并且应当告诉他们不仅那些违反命令的人令我讨厌,而且我将通过剥夺他们现在为我服务的职位来惩罚他们。

还有,因为有人向我报告说:在您的辖区,有许多不同国籍的外国人逗留、旅居,包括意大利人、法国人、德国人和低地国家(荷兰等)的人;就我们所知,他们中的大部分是借道波斯和土耳其而非通过我们的领地进入您的辖区;而且由于这一命令被严格执行来对抗信中提到的那些人,麻烦便会随之而来;如果他们逃离到摩尔人——我们的敌人——那里,并使我的军队部署让我们的邻居知道,并因此昭示他们可能损害我的统治权的途径和方法:所以,我希望您把此法令的规定当作紧急情况和时代需要来执行;为了避免困难,动用您所有必要的谨慎,付出特殊的努力使所有的外国人在您的权力范围之内,并根据他们各自的社会地位警惕他们的行径,这样他们就可能无机会来对我们的权力作出任何有损害的尝试;如此我可能完全实现我在该法令中定下的目的。

书于里斯本,公元 1606 年 11 月 28 日。由国王签署,写给:为了国王的唐·马丁·艾尔弗索·德·卡斯特罗,国王的顾问,东印度的总督。

第 二 封 信

致我们挚爱的总督,我,国王陛下,送去诸多问候:

尽管我认为以下是绝对地确定无疑,即您的出现和您带到东方地区的那些部队确保我们的敌人——在那些地区滋生蔓延的荷兰人——和欢迎接受他们的当地土著居民,将受到如此彻底的惩罚以致他们在将来都不敢再有类似的行为活动:而且那将有利于保护我们的利益,当您回到果阿＊时,你在那片海域留

＊ 印度一地区。——中文译者注

下一支足够庞大而有能力的舰队来从事贸易；您可以授予德里·赫塔杜·德·蒙杜沙对舰队的最高命令权，或委任任何其他您认为更为适合的人任该职。我依赖于您对我的忠心，深知在这一问题上，您只会去做对我的利益最为有用的事，其他的您不会做。

书于马德里，公元 1607 年 1 月 27 日。由国王签署，写给：为了国王的唐·马丁·艾尔弗索·德·卡斯特罗，国王的顾问，东印度的总督。

79

索　引*

Accursius, biographical note, 51, n.†; cited, 51. 阿库尔西乌斯，传记注，51，注†；引用，51。

Agamemnon, mention of, 9. 阿加盟农，提到，9。

Agreements, when not binding, 35. 协议，当不约束时，35。

Air, common to all, 28; nature of, 39. 空气，为所有的人共有，28；其性质，39。

Alciatus, A., biographical note, 10, n.2. 安德里·阿尔西亚提，传记注，10，注2。

Alexander, Emperor, quoted, 73. 亚历山大，皇帝，直接引用，73。

Alexander the Great, mention of, 14, 40. 亚历山大大帝，提到，14，40。

Alexander Ⅵ, Pope, reference to, 15, 45. 教皇亚历山大六世，参考，15，45。

Alexandria, mention of, 68. 亚历山大利亚，提到，68。

Ambrose, St., biographical note, 33, n.5; cited, 52, 71, quoted, 32. 圣·安布罗斯，传记注，33，注5；引用，52，71；直接引

---

　　* 参考部分与拉丁文和英译文的页码均一致（数字代表页码），本索引为英、中文对照，英文版原页码见中文版切口边。——中文译者注

81

81

Gaius Caesar, mention of, 40.盖尤斯·恺撒,提到,40。

Genoese, mention of, 48, 53, 54, 56, 58.热那亚人,提到,48,
53, 54, 56, 58。

Gentilis, A., biographical note, 8, n.9.詹逊里斯,A.,传记注,
8,注 9。

Goa, mention of, 79.果阿,提到,79。

Gorcum, H.v., cited, 75, n.3.戈卡门,H.v.,引用,75,注 3。

Gordianus, Fab. Claud., biographical note, 12, n.1; mention of,
12.哥尔迪安,费布斯·克劳丢斯,传记注,12,注 1;提到,12。

Grandpont, A.G., de., xi.格兰德庞德,A.G.,德,xi。

Greeks, reference to, 19.希腊人,参考,19。

Gregory, mention of, 19.格里高利,提到,19。

Gregory of Nazianzus, cited, 71.纳兹安宙斯的格里高利,引
用,71。

Guicciardini, cited, 68 n.2.古奇阿蒂尼,引用,68 注 2。

Hanno, reference to, 40.汉诺,参考,40。

Harris. E.I., translations from, 24, 25.哈里斯,E.I.,译自,24,
25。

Hercules, mention of, 9.赫尔克利斯,提到,9。

Hermogenianus, quoted, 26.赫尔莫吉尼安,直接引用,26。

Hesiod, quoted, 70; reference to, 22.赫西奥德,直接引用,70;
参考,22。

Homer, cited, 62.荷马,引用,62。

Horace, quoted, 12, 23, 31.贺拉斯,直接引用,12, 23, 31。

Hugo, reference from, 16 n.3.雨果,参考来自,16,注 3。

Hunting, an ancient national right, 56.打猎,古老的国家权利,56。

India, mention of, 12.印度,提到,12。

Inner sea, as distinguished from outer sea, 37.内海,与外海相
区别,37。

Innocentius, reference from, 19 n.2.英诺森,参考来自,19,注 2。

Innocent passage, 20, 43, 74.无害通过,20, 43。

International rights, 31.国际权利,31。

Iseria, A., biographical note, 36, n. *.伊塞尼亚,A.,传记注,
36,注 *。

Isocrates, cited, 72 n.1, 2.艾索克拉底,引用,72 注 1, 2。

Israelites, mention of, 9.以色列人,提到,9。

82

James, H.R., translation from, 19.詹姆斯,H.R.,译自,19。

Jason, cited, 54 n.1.杰森,引用,54,注 1。

Java, mention of, 11.爪哇,提到,11。

John, King of Portugal, mention of, 59.约翰,葡萄牙国王,提
到,59。

Jowett, B., translation from, 63.约维特,B.,译自,63。

Jurisdiction, distinguished from ownership, 35.管辖权,区别于
所有权,35。

Labeo, quoted, 31, 74.拉贝奥,直接引用,31, 74。

Law of Human Society, 9.人类社会法,9。

Law of Nations, 7, 9, 28, 31, 61, 63; right conception of, 52.国
际法(万民法),7, 9, 28, 31, 61, 63;其正确的概念,52。

Law of Nature, 2, 5, 23; right conception of, 52.自然法,2,
5, 23;其正确的概念,52。

Law of Property, 25.财产法,25。

信,77。

Pickard-Cambridge, translation from, 73.彼科德—坎穆布里奇,译自,73。

Pirates, treatment of, 35.海盗,其对待,35。

Placentinus, quoted, 34.普拉塞蒂努斯,直接引用,34。

Plato, cited, 63.柏拉图,引用,63。

Plautus, quoted, 29.普劳图斯,直接引用,29。

Pliny, cited, 12, 32, 40, 41, 62; quoted, 7.普林尼,引用,12, 32, 40, 41, 62;直接引用,7。

Plutarch, reference to, 14.普鲁塔克,参考,14。

Polus Lucanus, cited, 73 n.1.鲍罗·路加努斯,引用,73,注1。

Pomponius, cited, 30, 75.彭波尼,引用,30, 75。

Pompoius Mela, quoted, 40 n.1.彭波尼·梅拉,直接引用,40,注1。

Pope, The, no right in temporal matters, 45; no authority against law of nature and of nations, 66.教皇,在世俗事情方面无权利,45;无权对抗自然法和国际法,66。

Portuguese, arrogant pretension of, 39, 40, 43, 75; claim of exclusive right to trade, 61; claim to ocean, 37; desire for profits, 42, 69, 71; mention of, 56, 65; not first in East Indies, 41.葡萄牙人,其盲目主张,39, 40, 43, 75;贸易独占权的主张,61;对海洋的主张,37;对利润的渴望,42, 69, 71;提到,56, 65;并非最先在东印度,41。

Prescription, acquisition by, 49, 59; chapter on, 47, 67; definition of, 47; failure of, 50, 51; immemorial time no help to, 49, 58; reference to, 4, 52.时效,通过……取得,49, 59;在章目中,47, 67;其定义,47;其失效,50, 51;远古时期无助

83

83

83

83

译 者 后 记

一

本书原著作者雨果·格劳秀斯（Hugo Grotius，1583—1645年）是荷兰历史上著名的政治家和法学家，因在1625年出版关于国际法的学术专著《战争与和平法》（*De Jure Belli et Pacis*）而赢得"国际法之父"的称号。实际上，《战争与和平法》的许多思想在其早期的《捕获法》和《论海洋自由》中已有萌芽。《论海洋自由》的原著由格劳秀斯用拉丁文写就，后被译成多国文字。其内容包括格劳秀斯"致统治者及基督世界自由独立的国家"的信、正文和附录（由西班牙国王菲利普三世致东印度总督唐·马丁·艾尔弗索·德·卡斯特罗的两封信构成）等。本译本是根据1916年约翰斯·霍普金斯大学希腊及罗马史副教授拉尔夫·范·德曼·麦格辛博士的英文本翻译而成，旨在为国内研究国际法，特别是格劳秀斯早期的国际法思想，添砖加瓦。

2002年9月至2003年1月，我的导师张乃根教授为复旦大学法学院国际法专业博士生开设的《国际法原理》及《原著导读》等课程，将我引进探寻格劳秀斯国际法思想的领地。正是得益于张老师循循善诱的启发、鞭辟入里的分析，让我渐感到学习、研究格劳秀斯深邃国际法思想的重要。在学习过程中，了解到目前国内尚无有关格劳秀斯专著的系统翻译,便向张老师提出将篇幅不长、但意义同样深远的《论海洋自由》译成中文的意向,很快便得到了张老师的肯定和鼓励。2002 年底我开始着手翻译,2003 年 10 月,我把翻译初稿交给了张老师,请他审阅。因为这篇专著涉及包括宗教、政治、法律等多方面的内容,还有人名、地名等翻译的难度及语言(拉丁文及英文译者约在一个世纪前使用的英语)等方面因素,他建议我先冷一冷;过段时间再读原稿,加深理解,认真核对人名、地名等,然后修改。2005 年 4 月,我完成了修改稿,请张老师在百忙之中审校并给译文出版作序。张老师对译稿进行字斟句酌的修改和润色,为此付出了巨大的精力和很多时间;因此,可以说,该译本是张老师和我共同完成的,但其中的误译是由于我的功力不及所致,当由我个人承咎。

在翻译的过程中,我查阅了大量有关格劳秀斯及其著作的英文背景资料,具体内容参见《〈论海洋自由〉导读》;有关人名、地名、书名等专有名词基本上是以《牛津当代百科大词典》(中国人民大学出版社 2004 年版)及《牛津法律大词典》(David M. Walker,李双元等译,法律出版社 2003 年版)为准;对于未能查到的名词,我根据音译将它们译成汉语,同时保留了英文部分,以便读者查证;对有些专有名词我以脚注的形式在我力所能及的范围内做了简要解释,以有助于读者的了解。至于拉丁文等部分,我查阅了有关词典,尝试作了翻译。

本书的内容按原文顺序翻译下来,未做任何调整;个别地方我认为根据上下文有误的地方,也以脚注形式注出。

由于译者的水平、上文提到的困难及格劳秀斯在本书中国际法思想的博大精深,尽管本书翻译、校对历时两年多,力求忠实于原文,但错误不当之处难免,敬请读者批评指正。

该译本能够出版,要感谢上海人民出版社及该译本的编辑徐晓明先生;没有上海人民出版社的支持,没有徐晓明先生不遗余力的策划、帮助、督促和艰辛的付出,本书难以面世。

马忠法

2005 年 4 月 27 日

于复旦大学法学院

二

《论海洋自由》中译本 2005 年面世,已过了许多年。2013年年初,上海人民出版社与徐晓明先生提出再出一个新版,本人深表赞同,并打算抽出点时间对原版进行一定的修正,但事情繁多,难以分身;对此,徐晓明等编辑不辞辛劳,花了大量时间重新通读了原来译本并改正了一些错误,在此我要向他们深表谢意和敬意。从编辑的身上,我学到很多;同时也深悟到对学术,尤其是名著翻译,要充满敬畏之心,它容不得虚假和浮躁。尽管责任编辑等对译著进行了一定的修正,但译本中不当之处仍会存在,这些责任由我承担,同时也恳望专家、学者和读者批评指正。

马忠法

2013 年 7 月 3 日

三

《论海洋自由》中译本自 2005 年 8 月面世(2013 年 8 月再版),至今近 15 年过去了。2019 年底,上海人民出版社编审徐晓明先生提出出版精装本,我十分赞同,原计划在再版的基础上进行一定的补充和完善,但由于时间较紧,事情又杂,手头正在进行的格劳秀斯的《战争与和平法》的译稿进入最后关头,加上COVID-19 新型冠状病毒疫情的影响等,只是对"《论海洋自由》导读"部分进行了一点补充,其他部分我未进行更改。徐晓明先生等在再版的基础上进行了一定的调整和补正,在此对他们的辛勤付出表示衷心的感谢。尽管上海人民出版社工作人员和我对译著进行了一定的修正和补充,但其中不当之处仍会存在,这些责任由我承担,也非常希望各位读者在阅读时就其中的错误或不当之处给予批评指正。

马忠法

2020 年 4 月 6 日于新江湾城

图书在版编目(CIP)数据

论海洋自由/(荷)雨果·格劳秀斯
(Hugo Grotius)著;马忠法译.—上海:上海人民出
版社,2020
书名原文:The Freedom of the Seas
ISBN 978-7-208-16285-3

Ⅰ.①论… Ⅱ.①雨… ②马… Ⅲ.①海洋权-研究
Ⅳ.①D993.5

中国版本图书馆 CIP 数据核字(2020)第 018236 号

责任编辑　徐晓明
封面设计　包晨晖

论海洋自由

[荷]雨果·格劳秀斯　著
马忠法　译　张乃根　校

出　　版　上海人民出版社
　　　　　　(200001　上海福建中路 193 号)
发　　行　上海人民出版社发行中心
印　　刷　常熟市新骅印刷有限公司
开　　本　850×1168　1/32
印　　张　5
插　　页　4
字　　数　106,000
版　　次　2020 年 4 月第 1 版
印　　次　2020 年 4 月第 1 次印刷
ISBN 978-7-208-16285-3/D·3551
定　　价　35.00 元